Hermann Heynich

Immanuel Kants philosophischer Entwurf zum ewigen Frieden

Hermann Heynich

Immanuel Kants philosophischer Entwurf zum ewigen Frieden

ISBN/EAN: 9783743419667

Hergestellt in Europa, USA, Kanada, Australien, Japan

Cover: Foto ©Thomas Meinert / pixelio.de

Manufactured and distributed by brebook publishing software (www.brebook.com)

Hermann Heynich

Immanuel Kants philosophischer Entwurf zum ewigen Frieden

Immanuel Kants

philosophischer Entwurf

zum ewigen Frieden.

Fortgesetzt

von

Hermann H*****ch.

Germanien 1797.

Vorrede.

Von jeher hat uns die Geschichte gelehrt, daß Nationen immer um einige Grade aufgeklärter, gesitteter und glücklicher geworden sind, oder es doch unter den erforderlichen Umständen von ihrer Seite hätten werden können —, wenn sie der weitschallenden Stimme, dem lauten Zuruf eines ihrer Weisen vor allen andern Gehör gegeben. So wurden die Aegypter vermenschlicht durch Hermes —; so wurden die Juden weiter gebracht durch ihren Moses; so wurden die Perser mehr veredelt und vermildert durch Zoroaster; so die Chineser durch ihren Confutius; so die Griechen durch Socrates; so andere Völker durch Jesus; so die Araber durch Muhamed; so die Nordbewohner durch Ossian; so die Deutschen durch Luther; so die Franzosen durch Voltaire, Rousseau u. s. w. — Wenn man diese Gallerie großer Menschen, die sich noch mit einigen andern vermehren ließe, überblickt, wenn man ihren Wirkungskreis, auf den sie mittelbar oder unmittelbar, früher oder später, bey ihrem Leben oder nach ihrem Leben — wirkten, betrachtet; wenn man insonderheit die Bemerkung hinzunimmt, daß immer jede beträchtliche Nation des Erdbodens einen oder mehrere große Männer aufzuweisen hat, die sie veredelten und kultivirten; so geräth man fast gezwungen auf die Behauptung: es ist weit besser, eine Nation glaubt einem einzigen ihrer großen Männer, der allgemein dafür anerkannt wird, sey es, wer es wolle, mit vollem Zutrauen, als mehreren, die sich nur selbst für groß halten, oder nur bey einem Theil der Nation dafür gelten. Und wirklich ist die Vernunft und die Natur der Sache schon allein hinreichend, abstrahirt von aller Geschichte, uns zu überzeugen, daß es einem Volke mehr Heil und Segen bringt, wenn es Jahrhunderte lang unverbrüchlich festhält an den Lehren eines einzigen großen Mannes, als wenn es seine Aufmerksamkeit, seine Achtung, sein Zutrauen unter mehrere Männer vertheilt, die es oft gar nicht verdienen. Ohnehin schallen die Stimmen wahrer Weisen tief in die Jahrhunderte, ja Jahrtausende der Zukunft hinein; ohnehin geben die ersten Männer und Wegweiser von ganzen Nationen für ewige Zeiten den beständigen Ton an; ohnehin sind alle gleichzeitige und nachfolgende Männer eines Volks mehr oder weniger, auf eine sichtbarere oder verstecktere Weise — Nachahmer und Copien von jenem einzig großen Manne, der in seinem Zeitalter glänzt, wie die Sonne am Himmel. — Dadurch würde die jedesmalige Cultur einer Nation mehr dauerhaftes und feststehendes erhalten; dadurch gewönne sie einen gleichmäßigen Gang, dadurch würkte sie mehr aufs Innere, würde also mehr intensiv, als extensiv, welches erstere allemal weit wichtiger ist, als letzteres. Ferner würde unter jener Annahme die Stimmung des einmal herrschenden Zeitgeistes ungemein zum unermeßlichen Vortheil für viele Millionen verlängert, die Veränderlichkeit und bunte Farbenmischung der Aufklärung hingegen, das Schwanken bald nach diesen, bald nach jenen Grundsätzen hin u. s. w. glücklich verhindert werden. Noch mehr, der ganze Geist eines wohlthätigen Volksgenius wird auf diese Art unter ganze Nationen ausgegossen und vertheilt; es wird mehr für die innere Ruhe und Zufriedenheit von zahllosen Menschen gesorgt, die nämlich auf jene himmlischen Lehren geschworen und sie sich zur Befolgung vorgeschrieben haben. Vortheile genug, die es ganzen Staaten zur Pflicht machen, sich großen Männern, vom Himmel gesandt, und ihrer Leitung ganz zu überlassen, ihnen willig zu folgen auf die Bahn, die sie durch die Kraft ihres feurigen Geistes eröffnet, oder vorwärts erweitert haben. Es müssen feste, unbewegliche Principe aufgestellt werden, nach welchen die Cultur und die Aufklärung des menschlichen Geschlechts fortschreitet; es müssen selbstständige, geistvolle menschliche Götter vor demselben hergehen, deren glänzender Spuhr die Menschheit muthig nachwandelt. — Nirgends ist Veränderlichkeit der Erkennungs- und Handlungsgrundsätze am unrechtern Orte angebracht, als bey dem heiligen Geschäfte der Veredlung und Vervollkommnung des menschlichen Geschlechts.

Was hilft es uns, wenn wir in diesem Jahrzehend die Lehren jenes — und im folgenden Jahrzehend die Maximen eines andern Mannes befolgen? Was frommt es uns, wenn wir in einem Jahrhunderte dies glauben und für wahr halten, und im andern Seculo wieder etwas anders? Was nützt es uns, wenn wir in einem Zeitalter alles und in einem andern wenig oder gar nichts glauben und für gewiß annehmen? Was für Heil bringt es uns, wenn wir bald nur einen Gott, bald drey Götter, oder bald zwey, bald drey Falten in einem einzigen einfachen Gott glauben? Was liegt daran, ob wir wissen, oder vielmehr nicht wissen, daß die Sinnenwelt unabhängig von den Menschen, oder nur vermittelst derselben vorhanden ist? — Dieß ist alles bedeutungslos und wird zu Nichts, sobald von der Menschheit, ihrem Wohlbefinden, von ihrer Fortbildung, von ihrer charakteristischen Einheit überhaupt und dergl. die Rede ist. Wir sollen weder alles, noch viel, noch wenig glauben; wir sollen weder Juden, noch Christen, noch Deisten, noch Heyden, noch Atheisten u. s. w. seyn; wir sollen weder der Vernunft dieses, oder jenes Mannes glauben, sondern unserer eigenen;

wir sollen nicht fremden Vorschriften gehorchen, sondern unsern eigenen. Wir sollen weder auf Mosen, noch auf Christum, noch auf Muhameb — sondern auf die Menschheit, die in uns wohnt, getauft seyn, wir sollen weder — aner, —isten, noch — iker — sondern vernünftige Geschöpfe seyn, weder tolerant, noch intolerant, sondern schlechthin Menschen gegen Menschen —. Wir sollen weder Republikaner noch Aristokraten, weder Monarchisten noch Demokraten u. s. f. seyn, sondern gesellschaftliche Menschen auf allen Gegenden und Theilen dieses Planeten. Wir sollen niemanden glücklich, niemanden unglücklich preisen, niemanden verdammen und niemanden seelig machen, niemanden erniedrigen und niemanden erhöhen, sondern wir sollen für uns und für unsere Angelegenheiten sorgen, weil es dann am besten mit uns allen steht. Wir sollen weder Studirte noch Gelehrte, weder Philosophen noch Nichtphilosophen, weder Arbeiter noch Müßiggänger, weder Bediente noch Herren, weder Beherrschte noch Beherrscher — seyn, sondern nichts mehr und nichts weniger als Menschen. Wir sollen weder fromm, noch gottlos, weder tugendhaft noch lasterhaft, weder berühmt noch unberühmt, weder dumm noch klug seyn, sondern schlechthin Menschen, deren Weißheit Menschheitskenntniß heißt, und deren Tugend und Religion Menschlichkeit ist. „Mensch kenne dich und andere; „Mensch handle als Mensch gegen „dich und andere" — dies sind die zwey Hauptsätze, auf die alles mögliche auf unserm Wohnlande ankommt, weiter ist nichts wichtig, nur sie allein begründen alles Wissen und alles Handeln. — Wenn der Mensch weiß, was er als solcher wissen muß; so weiß er genug; wenn er thut, was er als Mensch thun muß; so thut er genug und erfüllt alle erdenkbare Pflichten und Obliegenheiten. Wenn der Mensch als Mensch lebt; so braucht er sich schlechterdings nicht im mindesten weder um Hölle noch um Himmel, weder um Vergangenheit noch um Zukunft, weder um die Folge dieses Lebens noch um ein anderes, weder um Gott, noch Engel, noch Vorsehung und dergl. zu bekümmern. Als ein Theil, ein Mitglied der Menschheit muß ihm alles von selbst werden, was hier und in der letzten Ewigkeit der Menschheit zu Theil wird. Was soll ich hoffen, spricht der Mensch zu sich selbst, was soll ich fürchten? was soll ich verehren, was verabscheuen? Ich verehre mich und die Menschheit, ich bete mich an und die Natur, die mich und andere umschließt. „Was soll ich „mit meinen Gedanken über dieses Planeten „Grenzen hinausschweifen? was kümmert mich „itzt Himmel und Ewigkeit, was Tod und Stra„fen und Belohnungen? Ich lebe itzt auf der „Erde, und wenn ich diese recht genieße; so bin „ich dadurch in den Stand gesetzt, auch ein an„deres Weltland oder den Himmel — giebt es „einen für uns — recht zu genießen! Wer hier „zu leben versteht, der ist dort schon eingeweiht, „der weiß auch den Himmel zu benutzen; wer „hier nichts genießt und wie ein taumelnder Thor „durch Priester und Pfaffen, die Diener der „Despoten, sich auf den Himmel vertrösten läßt, „der ist nicht werth, daß er als Wurm oder als „Thier von Ewigkeit zu Ewigkeit fortkriecht." — Verdammt sind alle Secten; verflucht sind alle Partheyen; verwünscht alle verschiedene Glaubens- und Religionsarten; verrucht alle mancherley Systeme, wo es auch nur deren giebt; verworfen alle Verketzerungen; teuflisch alle Verfolgungen, satanisch alle Verleumdungen und Angebereyen; thierisch ist aller Neid und alle Mißgunst —. Es giebt nur eine Secte und eine Parthey in der Welt, nämlich die „Mensch, vernünftiges Wesen, das seinen Zwecken lebt, das nichts als Nebenmenschen, als Brüder neben und um sich sieht, zu seyn. Es giebt nur einen Glauben, nur eine einzige Weltreligion; glaube an dich und die Menschheit, heißt jener; denke und handle als Mensch — heißt diese. Es giebt nur ein ächtes System, wovon ein Theil **menschliche Wissenslehre**, und dessen anderer, **menschliche Handelslehre** genannt wird; wer bist du? und wer sind andere? zu welchem Zwecke bin ich da? zu welchem andere? wie erreiche ich? wie andere diesen Lebensentzweck? Dies sind die wenigen Fragen, welche im allgemeinen, wahren Menschensystem aufgestellt und beantwortet werden müssen. Ohnehin kann kein Mensch mehr wissen, als der andere; allenfalls besser kann er etwas wissen, als andere; allein das schlechtere Wissen ist jenem eben das, was dem andern das bessere. Es giebt nur einige, sehr wenige allgemeine Ideen und Grundsätze, die jeder Mensch weiß, die jeder versteht, die jeder an sich und in sich herumträgt, auf die sich alles ohnschwer im ganzen elenden Leben übertragen läßt. — Alles menschliche Wissen ist Eins, und alles menschliche Handeln ist Eins. — Jeder denkt und handelt als Mensch für sich recht; niemand darf sich um seinen Glauben, niemand um sein Handeln bekümmern; eben weil er nur für sich denkt und nur für sich handelt. Für andere denken, darf niemand, für andere handeln darf jemand noch weniger. Jeder sorgt für sich und wehe dem gutmüthigen Teufel, der sich um andere mehr, als um sich bekümmert. Nur den beneide, elender Unmensch! der besser denkt und menschlicher handelt als du; nur dann zürne und quäle dich schmerzlich, wenn du Thier bist, und andere, — Menschen. — Eine Welt, eine Natur, eine Menschheit, eine Vernunft, einerley Gesetze u. s. w. giebt es für uns; hier ist keine Verschiedenheit; das höchste ist immer Einheit, und Unglück dem Blöden, der alle Mannichfaltigkeit nicht in Beziehung auf prächtige Einheit betrachtet. — In die Hölle, ins Wasser, unter die Erde mit allen Verfolgern, Verläumdern, Hassern, Menschenfeinden, Bedrückern, Mördern,

Dieben u. s. w. denn sie sind keine Menschen, sondern Thiere; und es ist die erste, die heiligste aller Pflichten für die Menschen:" sich mit keinen Thieren zu vergesellschaften und sie wie Menschen anzusehen. Jede Gemeinschaft mit Unmenschen, mit Thieren macht unmenschlich und thierisch; daher schleichen Millionen Uebel auf der Erde herum, die die Menschheit innerlich und äusserlich zerfressen, weil sie sich entweyht, und Thieren den Rang der Menschen einräumt. Weg, weg mit allen Unmenschen, mit allen Würmern aus der Spähre der Menschheit, ehe sie vollends angesteckt und durch und durch verdorben wird. Sey Mensch gegen Menschen und vertilge alle Thiere aus deiner Mitte; dieß ist das erste Vernunftgeboth; Laß dich nicht verthierischen und verschlimmern, das erste aller Verbothe. — Jeder Mensch muß als solcher, als Mensch handeln, das dank ihm Herodes; denn wie will man sonst wissen, ob er Mensch ist, ob er zu uns gehört, indem nur einzig und allein sein menschliches Handeln uns berechtigt, ihn für einen Menschen anzuerkennen. Daß jemand aussieht wie wir, dieß ist gar noch nicht hinreichend, ihn in die Menschenclasse zu setzen, sondern lediglich das, wenn wir ihn denken und handeln sehen, wie wir selbst als Menschen denken und handeln. — Unsere ganze äußere Form und Gestalt ist blos die der Thiere; durch seine Organisation kann sich also niemand für mehr als für ein gewöhnliches Thierwesen ansehen; sobald er aber vernünftig handelt, d. h. als Mensch, sobald erhebt er sich über die Thierheit und er tritt in eine höhere Wesengattung hinauf. — Die Menschheit muß hier strenge und unentbehrlich seyn, sie muß ohne einiges Bedenken keine thierischen Geschöpfe in ihrer Mitte dulden; in die Wälder, in Einöden, in Steppen, unter die Wilden in Amerika und Afrika u. s. w. mit allen menschlichen Thieren; uns sind sie einmal höchst schädlich und gefährlich. Die Menschheit ist eine ehrwürdige Versammlung und Gesellschaft von guten Menschen, von vernünftigen, verständigen Wesen, wozu andern Geschöpfen schlechterdings der Zutritt aufs strengste zu verbiethen ist. Thiere und reißende Wölfe in der Menschheit sind aber z. B. alle Despoten und willkührliche Herrscher; alle Verfolger und Ketzermacher, alle Feinde und Hasser ihrer

Nebengeschöpfe, alle Verleumder und Spione; alle Wahldiener, Schmeichler und Sclaven anderer, alle Verführer, Betrüger und Täuscher, kurz alle Sünder gegen die heiligen, majestätischen Gesetze der Menschheit und der Vernunft. Das, das sind die Thiere, die entweder ganz gleichgültig vertilgt und vernichtet, oder in die äussersten und schlechtesten Winkel der Erde geschleppt werden müssen, z. B. in die letzten Gegenden des Nordens, nach Sibirien, nach Afrika und dergl. — Denn wir und Millionen andere sind vom Grund des Herzens überzeugt, daß alle wüste, alle kalte, alle glühendheisse Gegenden dieses Planeten bloß für die Thiere, sie mögen seyn zwey — oder vierfüßige, bestimmt sind; so wie im Gegentheil alle schöne, fruchtbaren, angenehmen Länder blos für die menschlichen Wesen. Warum wollen wir also die Winke nicht benutzen und befolgen, welche uns die Natur zu unserm Glück dargebothen hat? Warum nicht Unmenschen in die Winkel der Verdammten mit Lust transportiren, wo sie ihre Boßheit völlig auslassen und machen können, was ihnen ihr thierischer Sinn einflößt? Was können wir an vere dafür, daß sie Thiere sind, sie könnten, gleich wie wir, vernünftige Menschen seyn. Mit Vergnügen wird ein redliches Volk dem andern seine Bösewichte abnehmen, und sie wieder dem folgenden überliefern, bis sie so an den Platz kommen, der ihnen gebührt. Man schafft ja die größten Lasten durch die ganze Welt durch; man wird doch also auch vergiftende, werthlose Thiere bis an die schauerlichkalten Enden der Erde bringen können! Was konnten damals die Engel, oder die Götter im Himmel dafür, laut jener heiligen Sage, — daß ein Theil von ihnen nicht, wie sie, Götter und Engel, sondern Satane und Teufel seyn wollten? Was kümmerten sie sich um diese Ungeheuer? — Sie wurden ausgestoßen aus ihrer Gemeinschaft und in die Finsterniß gekettet ohne Gnade und Barmherzigkeit, wo sie ihr Gift kauen und ihre eigene Tücke und Bosheit verschlingen mögen! Wenn dieß im Himmel geschieht, wenn dieß Engel, oder Götter thun, die über uns so weit erhaben sind, wie der Thürmer auf dem Straßburger — Münsterthurm über die auf der Erde kriechenden Insecten, o! so laßt uns nicht gelinder und mitleidiger als sie seyn wollen, sondern mit aller möglicher Kälte die

Mißgeburten der Menschheit entweder vertilgen oder wegschaffen! — Wer Ohren hat zu hören, der höre! —

O! möchte doch die Menschheit schon so weit kultivirt und erzogen seyn, daß sie sich bloß und lediglich auf sich selbst, einzig und allein auf ihre Erdenwelt einschränkte! möchte sie doch dahin schon gebracht seyn, daß sie an gar nichts, auſſer an sich selbst, glaubte! möchte sie doch alle überirdische und unterirdische Dinge seyn lassen, was sie wollen, und ihr ganzes Augenmerk auf diesen Planeten verwenden! möchte sie doch niemals mit ihren Gedanken, Wünschen, Hoffnungen, guten und bösen Erwartungen über diese Welt hinausirren! möchte sie doch allen schädlichen Glauben an ihre geträumten, luftigen Götter, an ihren leeren Himmel, an ihre feuerlodernde Hölle, an ihre komische Erlösung — u. s. f. mit einmal aufgeben! möchten die Menschen doch weiter nichts seyn wollen, als würdige Bewohner dieser Welt, weiter von nichts wissen, als von ihrer Erde, weiter nichts genießen und im ganzen Umfange benutzen, als eben dieselbe — und sich alles übrige von selbst zufallen lassen.

Der wahre Mensch lächelt über Gott, über Himmel und Hölle, über Zukunft und Ewigkeit; denn ihm muß, ihm muß, sage ich, alles begegnen, was nur einem wahren Menschen zu Theil werden kann; er muß, er muß, sage ich, glücklich seyn und zwar an jedem Orte des ganzen Weltalls. Verdammt wäre dieses Raubnest, verflucht dieser Erdboden mit der ganzen übrigen Welt, ewig verworfen diese Giftgrube, wenn dieß nicht so wäre, wenn der Mensch nicht glücklich würde, ob er gleich nichts weiß, als sich selbst, ob er gleich gar nichts glaubt, als seine Menschheit! — Doch so weit ist die arme Menschheit noch nicht gekommen; sie ist noch lange nicht selbstständig und volljährig, sie kann sich noch lange nicht auf sich selbst ganz allein einschränken; sie muß noch im Glauben an einen Gott — an eine Vorsehung — an einen Himmel — an eine Hölle u. s. w. ihr Heil, ihre Ruhe und Zufriedenheit suchen. Sie muß sogar noch volles Zutrauen in die Vernunft, in die Einsichten und Rathschläge anderer Menschen aus ihrem Geschlechte setzen; sie muß noch nach fremder Lehre leben und nach fremden Einfällen glauben. Und so wären wir denn wieder dahin zurückgekommen, wo wir beym Anfange dieser Einleitung ausgiengen; auch hier wiederhohlen wir unsere obige Behauptung noch einmal: es ist weit besser, die Nationen der Erde beschenken einzelne große Männer mit vollem Zutrauen, als mehrere zugleich. — Ueberhaupt getraue ich mir zu behaupten und aus der ganzen Geschichte es klar zu beweisen; ,,daß niem als zwey gleich große, oder auch nur zwey große Männer zu einer und eben derselben Zeit bey einer Nation vorhanden waren. Nichts ist wohl bisher seltener gewesen auf dieser Welt, als große Männer; kaum wird man deren 11 oder 12 in der ganzen Vorzeit auffpühren können, so daß auf jedes Jahrtausend etwa zwey gerechnet werden mögen. Dieß sind die großen Menschenwesen, die Zierden, die Häupter der Menschheit, die in allen Jahrhunderten, den Sonnen gleich handeln, die sich ewige Verdienste um das menschliche Geschlecht erworben haben, deren Namen keine graue Folgezeit uns dem sonnenhellen Tempel der Unsterblichkeit wird wegzulöschen vermögen. — Ferner ist es ausgemacht und aus den Trieben der Menschen sehr begreiflich, daß eine Nation zwey große Menschen zu gleicher Zeit

B

nicht groß und würdig genug zu behandeln im
Stande ist; sie wird den einen anbeten, und den
andern verachten, den einen erhöhen, den andern
erniedrigen; dem einen sich völlig hingeben und
dem andern mit der Miene der Gleichgültigkeit
und des Mißtrauens begegnen u. s. f. — Endlich
werden zwey große Männer zu einerley Zeit, so
menschlich groß sie auch immer gedacht werden
mögen, sich nie gegen einander groß benehmen;
einer würde dem andern im Lichte stehen und
mehr oder weniger Schatten auf seine Größe
werfen, einer würde den andern in seinem weiten
Wirkungskreise drängen, einer würde den andern
an der Auslassung seiner Fluthenkraft hindern,
einer würde vielleicht gar dem andern entgegen=
arbeiten; — kurz, so wie zwey Sonnen an einem
und demselben Himmel nicht wohl mit= und neben=
einander bestehen können; also können auch zwey
große Männer zur nämlichen Zeit und unter der
nämlichen Nation ihre ganze Größe nicht zu Tage
legen und ihre volle Kraft nicht bis auf den
höchsten Grad äußern. — Ihr Nationen der
Erde, habt ihr also einen großen Mann in euerer
Mitte; so öffnet ihm auch euer Inneres, so folgt
ihm und seinen Lehren; sie sind gewiß von der

Art bey Verlust seiner ganzen Größe, daß sie nichts als euer Heil bezwecken, daß sie euch von den Sünden des Aberglaubens, der Vorurtheile und der blöden Dummheit frey machen können und sollen. Ein großer Mensch, ein Volksheiland kann nur für die Menschheit da seyn, er kann uns solche Rathschläge und Warnungen ertheilen, um solche Thaten zu verrichten, die Glückseligkeit und Wohl verbreiten. Er ist zum Besten ganzer Völker gesandt, er muß also auch sein seegenvolles Leben blos zu ihrem Heil verbringen; denn allein in Beziehung auf die übrige Menschheit und auf das, was er für sie unternimmt, kann und darf ein großer Mensch, groß genannt werden. — Huldigt jedem großen Manne, ihr Völker, rettet euch unter dem Schutze seiner donnernden und leuchtenden Vernunft, lauscht bey jedem seiner leisesten Winke; denn sie verbreiten Wahrheit, Weisheit und Wohlseyn. Ermuntert alle zur Unterwerfung unter seinen Scepter, zur Ehrfurcht gegen seinen Geist, zur Bewunderung seiner Thaten, und gestattet nicht, daß ein anderer mit fremder Kraft, die er jenem Genius heimlich entwandt, sich brüstet; sehet nicht auf die Schlauköpfe, auf die selbstsüchtigen

B 2

Geniemiethlinge, die sich rechts oder links von der Bahn ab, die jener Weise erst eröffnete, und die sie auch eine Zeitlang geduldig betraten, einen andern Weg ebenen! Wandelt langsam euerem Volksanführer nach und bemerkt die Seitenwege nicht, die bald in größerer, bald in geringerer Entfernung neben der Hauptbahn herlaufen; die wenigen, welche etwa schüchtern darauf herumtappen, werden sie bald etwas beschämt verlassen und sich an die übrigen anschliessen, wenn sie bemerken, daß der Gang hinter ihnen leer und einsam daliegt. Wer dieß versteht, der deute es den übrigen, die vielleicht keine Anwendung davon auf die gegenwärtige Lage der Dinge ahnden! — Itzt giebt es keinen großen Mann, von dem wir hier reden, sondern blos einige große Gelehrte und Schulphilosophen, blos einige scharfsinnige Denker und geschickte Staatsmänner; allein dieß ist noch sehr wenig, wenn man sich an einem großen, erhabenen Menschen und an das, was er seyn und thun muß, erinnert. Ein großer Genius ist weder ein kritischer Philosoph, noch ein geistvoller, kluger Staatsmann; weder ein prunkender Gelehrter, noch ein angenehmer, zierlicher Buchstabenschreiber; weder ein kühner Heerführer, noch ein stiller Tugendfreund —, sondern er ist weiter gar nichts, als ein großer Mensch; er redt laut und weit und breit über menschliche Weißheit und handelt vor den Augen vieler Millionen erhaben menschlich. Er bringt ganze Nationen weiter in ihrer Vermenschlichung, er winkt leise und doch hört man es in der halben Welt; er predigt nur wenigen, und doch vernehmen es auf einmal viele Millionen; er lebt verkannt und doch kennt ihn in weniger Zeit die Hälfte des Erdbodens. Er wird Menschenfeind gescholten, und doch glüht sein edles Herz von reiner Menschenliebe; er wird vielleicht aus der Welt gestoßen und doch dauert sein geistiges Leben fort, so lange kein Unglück dieses Weltland verheert und verwüstet. — Trügt uns nicht alles; so tritt vielleicht bald ein großer Völkergenius auf, der die Lebenszwecke der Menschen, wie Donner brüllend, verkündigt; der die Pflichten der Menschheit ganzen Nationen mächtig stark von neuem vorsagt; der die Bestimmung der Menschen, ihre heiligen Rechte und majestätischen Verhältnisse in bürgerlichen Gesellschaften mit flammenden Zügen hinwirft, und warnes

Menschheitsgefühl in den Innern von Millionen wie Feuer entzündet. — Bald, bald überrascht vielleicht das wachwerdende Europäerland ein muthiger Menschengott, der ihm eine andere und bessere Gestalt ertheilt, der die Hälfte aller Millionen, die darinn wohnen, auf eine neue, natürlichere und ebnere Bahn hinleitet, die leichter und sicherer zum Menschheitsziel hinführt. Bald glänzt vielleicht unter den geplagten, gequälten Sterblichen ein Mann voll göttlichen Feuers und Geistes, der den verzehrenden Kriegen und Morden gebeut, der die Fesseln der Völker mit Riesenstärke zerknickt, den ganze Schaaren von Vorurtheilen, von Wahnideen, von nagenden Lastern, — verscheucht, der den Europäischen Völkern das zum Theil erringt, wornach sie so sehnlich und schmachtend hinstreben. — Wer und was du auch seyest, das über das Weltall zu gebiethen hat, schick uns Luthern wieder, nur in einer andern Körperhülle, damit sich niemand seiner versieht und etwa Anstalten zu oberflächlichen Verbesserungen im geheimen ausdenkt! Send' uns einen politischen Luther, der unsere Staaten reformirt, der dem Druck steuert, der schwer die Menschen zu Boden drückt, der besseres Leben und freyeres Athmen uns wiederschenkt, indem uns alle geistliche und irdische Güter verkümmert werden, die du uns zufließen ließest; der die Tyrannen in schmachtender Furcht versetzt und sie krümmend auf dem Schlamme des Bodens zermalmt. Gieb uns einen Helden, der Raum und Gelegenheit verschafft, damit deine Menschen ihrer Vernunft und Natur gemäß zu leben im Stande sind. Itzt können wir's nicht, denn Steine liegen auf unserer Natur, und Ketten an unserer Vernunft! Vertilg' uns lieber wieder, und nimm deine uns unnütze Vernunft zurück, wenn du uns länger in dem erbärmlichen und verdammten Zustande lassen willst, worinn wir gegenwärtig und von jeher uns befinden. — Reiß alles Gefühl aus unserm Wesen heraus, damit wir das verwundende Elend nicht empfinden, das uns zerfleischt! Warum läßt du uns wissen, daß wir leiden und bluten; vertilge diese Höllenempfindung, hilf uns, wenn du kannst; oder kannst du nicht; so sey verdammt samt deiner ganzen Welt, der du wohl zu bauen, aber nicht zu erhalten und zu regieren verstundest! —

Noch eine und die andere Bemerkung, und dann soll gleich diese Vorrede oder Einleitung, die außerdem in Rücksicht auf die darauf folgende kleine Schrift schon etwas zu lange gerathen ist, geschlossen seyn, ob wir gleich ein starkes Buch schreiben könnten, um den einmal angesetzten Faden auszuspinnen. — Wenn man die obige Reihe der großen Männer genau ansieht, und jeden besonders in das Zeitalter, an den Standort setzt, worinn er gestanden hat; so bringt sich folgende lehrreiche Bemerkung fast von selbst auf, nämlich: **daß praktische Genieen der Menschheit weit mehr Nutzen und Heil gewähren, als speculative, grübelnde Köpfe.** — Man erwäge einmal das unsägliche Gute, welches Hermes, Moses, Zoroaster, Confuzius, Sokrates, Jesus u. s. w. der Menschheit gestiftet, auf wie viel nahe und ferne Brüder sie wohlthätig eingewirkt, welches Licht, welche Cultur sie überall mittelbar oder unmittelbar hingetragen haben; so wird man unsern Stolz unverwerflich finden. Dagegen vergleiche man die Vortheile, welche sogenannte Schulphilosophen, Systemstifter, speculative Metaphysiker, trockne Denker, fleißige und handfeste

Bücherschreiber, oder wie man sie sonst nennen will, z. B. Aristoteles, Plato, Epikur, Seneka, die Scholastiker, Descartes, Wolf u. s. w. den Völkern der Erden erzeugt haben, und man wird und muß sie gewiß sehr unbedeutend und geringfügig finden. Ja Aristoteles, Plato und andere würden der Welt, aller ihrer Vielwisserey, aller ihrer Grübeleyen ungeachtet, noch weniger als wenig nützlich gewesen seyn, wenn nicht Socrates vorhergegangen, wahrere und fruchtbarere Untersuchungsgegenstände aufgestellt und ihren Kräften, ihrem Geiste eine bessere und natürlichere Richtung gegeben hätte. Und alle Philosophen in der ganzen großen Christenheit von Origenes an bis auf Kant würden als nichts weiter anzusehen seyn, als Hüner, die in trocknen, stopplichten Feldern herumscharren, als Spinnen in dunklen Gemäuern, die ihre Gewebe der Finsterniß aufzubewahren geben, wenn nicht Jesus gelebt, neue lichtvolle Ideen, fruchtbare Winke und weite Ansichten von dem Menschen und andern wichtigen Gegenständen mitgetheilt; wenn nicht Luther gelebt, den gefangenen Verstand und die gebundene Vernunft entfesselt und dem Geiste einen neuen, reitzenden Wirkungskreis der ganz mit unübersteiglichen Schanzen und Pallisaden umschlossen war, ritterlich angewiesen hätte. — Luther und Jesus — verhalfen erst den Menschen wieder zu ihrer eigentlichen Besonnenheit und Geistesermächtigung; sie rüttelten erst die schmachtende und schlummernde Menschheit auf, sie gossen erst neues Leben, frische Thätigkeit in sie hinein, sie schütteten erst Kraftideen aus, vermittelst deren die Menschen erst geistig wiederfortarbeiteten. — Nach Luthers Reformation wehete ganz unverkennbar ein anderer und besserer Geist in sehr vielen Ländern; es wurde lebendiger in dem Innern vieler Millionen, und das stumme Staunen, das sclavische Leben, das düstere Zusammenziehen des Gesichts entschwand merklich, als wenn nach und nach einzelne Sonnenstrahlen durch den Wochenlang verschlossenen Himmel sich durchdrängen und allmählig einzelne Gegenden aufhellen und erheitern. — Nach Jesus Zeitalter und nach der ziemlichen Verbreitung seiner Lehren und Lebensregeln kamen unter viele Völker mehrere, richtigere und feststehendere Ideen und Grundsätze; mehr Menschlichkeit, Herzlichkeit u. s. f. fiengen an aus dem verwilderten Boden emporzukeimen und die ganze Völkerwelt verwebte sich inniger unter einander. Kurz die sogenannten großen Lebensphilosophen, die erhabenen Geister der Erden haben das allermeiste von dem Guten hinterlassen, was sich etwa auf diesem Erdball vorfindet; während alle Schulphilosophen, alle scharfsinnige Denker — vom ältesten bis zum allerneusten zusammengenommen, nicht einmal so viel Nutzen bewirkt haben, als z. B. der einzige Socrates. — Nur große Menschen, nicht große Gelehrte, sind die Wohlthäter der Menschheit; blos jenen verdankt sie es, daß sie itzt die Stuffe der Cultur erreicht hat, worauf sie steht; blos jenen schreibt sie es dankbar zu, daß sie noch einige Geistesfreyheit genießt, und nicht ganz ihres Vernunftgebrauchs entwöhnt im blinden Todesschlummer unter den Keilen des Despotismus herumtaumelt. Jene großen Männer lenken und leiten die Menschheit noch nach Jahrtausenden, nicht speculative Denkmaschinen; diese hängen ganz von jenen ab und sind ihnen wissentlich oder unwissentlich unterthan; sie können nun da ihre Denkgerüste und Systeme hinbauen, wo jene freyen Raum und Platz gemacht haben.

Alle Bahnen, alle Heerstraßen, worauf je die Erdenvölker giengen, alle große Veränderungen, die je auf diesem Planeten entstanden, alle heilsame Reformen und Revolutionen haben große Menschen, nicht gelehrte und spitzfündige Philosophen zu Urhebern. — Nur praktische oder kraftthätige Köpfe, deren Lehren sogleich aufs ganze Leben, auf alle Stände einwürken und angewandt werden können, die auf der Stelle Verbesserungen und nützliche Aenderungen veranlassen, deren Kraftäusserungen wie der Blitz zum Ziel hintrifft, — das sind die ersten Sterblichen, deren Mühwaltung Anbetung nicht aufwiegt. Glänzende Denker, ungeheure Vielwisser, sophistische Gaukler — das sind nur Geschöpfe zum Staat; diese machen den Luxus des Verstandes und der Vernunft aus; das sind die eitlen Raritäten, die ein Volk dem andern hinweißt, wenn von dem lächerlichen Vorrang des einen oder des andern die Rede ist. Geschöpfe zum Staat, weicht bescheiden und demüthig den Völkern aller Verdienste, zollt ihnen, wie der niedrigste im Volke, alle Ehrerbietung, sie sind völlig unabhängig von euch, während ihr nur etwas durch sie seyd! — Verzeiht mir daher meine sämtlichen Zeitgenossen, wenn ich in Kanten den großen Mann nicht zu entdecken im Stande bin, den vielleicht die meisten unter euch in ihm finden. Mir ist Kant nichts mehr und nichts weniger als ein gewöhnlicher Schulphilosoph, nur daß er sich einen andern Weg bahnte, als seine Zunftgenossen vor ihm, nur daß er seine Speculationen vermittelst seiner ungeheuern Einbildungskraft etwas weiter hinaustrieb, als seine Vorgänger, nur daß er mehr und auffallende Dinge behauptete, als andere seines Gleichen. Ein großer Gelehrter ist, wie gesagt, noch kein großer Mensch; der allergrößte Wisser ist und bleibt nichts, als ein Diener und Aufwärter des großen Menschen. — Die Kantische Philosophie gilt nicht mehr und nicht weniger als jede andere Philosophie, sie hat kein besseres Schicksal als jede andere, ja ich behaupte mit Zuversicht, sie wird nicht einmal so lange bestehen, als manche der vorhergehenden Philosophen. Was hilft uns diese kritische Philosophie? was für Gewinn wird die Menschheit von ihr einärndten, da sie nie die bestaubten Wände der Schulen verlassen, und ins gewöhnliche handelnde Leben eindringen wird? Die Sinnenwelt ist weder für, noch durch uns, noch wir für sie da, sondern beydes mußte vorhanden seyn, um erst eine Sinnenwelt zu begründen; wir selbst sind nur ein Theil der Sinnenwelt, wir gehören zu ihr und sie zu uns. Wer will behaupten, daß eine Uhr, oder alle übrige Theile derselben, z. B. für's Stellblatt da sind? nein! das Stellblatt ist ein Theil der Uhr, obgleich ein wichtiger, und nichts weiter; dieses aber und alle andere Theile sind deßwegen da, um der Absicht ihres Meisters zu entsprechen, nämlich die Zeit richtig anzugeben. — Es ist lächerlich, nur von der Sinnenwelt zu sprechen, wenn man dabey von den Menschen abstrahirt, so wie es abgeschmackt bleibt, von der Menschheit zu schwatzen, ohne dabey an die Sinnenwelt zu denken. Die Menschen sind erst in, mit und durch die Sinnenwelt Menschen, und die Sinnenwelt ist erst in, mit und durch die Menschen Sinnenwelt; diese ist nichts, gar nichts ohne jene, und jene sind nichts, gar nichts ohne diese. An eine Unabhängigkeit oder Isoliatheit eines dieser Theile von einander ist nicht im mindesten zu denken, und wer es thut, der weiß, auf's gelindeste gesprochen, nicht, was er will und wenn es Kant wäre. Was helfen uns die Kantischen Lehren von der Freyheit, von der Unsterblichkeit, von der Moralität, vom Daseyn eines moralischen Gottes u. s. w.? was nützen seine mühsamen Beweise für die Richtigkeit dieser und anderer Behauptungen? — Im Vorbeygehen — es nimmt uns sehr Wunder, wie ein solcher großer Philosoph nur von Beweisen für's Daseyn Gottes reden kann, ohne sich im Augenblick dieser Absurdität bewußt zu werden. Läßt sich denn ein Gott, ein höchstes, erstes Wesen b e w e i s e n? Wie soll das gemacht werden? Dann müßten schon zwey Götter vorausgesetzt und als gewiß angenommen werden; einer, d e r bewiesen worden, und der andere, a u s dem jener bewiesen werden soll, welches lächerlich und höchst ungereimt wäre; jenes, weil schon zwey Götter da seyn müßten; dieses, weil etwas erwiesen werden soll, was schon vorhergehen muß, ehe nur der Gedanke eines Beweises desselben in den Sinn einfällt. Jeder Beweiß für's Daseyn Gottes raubt mir einen Gott, und gibt mir einen andern und höhern, der aber im folgenden Beweise schon wieder dethronisirt und ein niederer Gott wird; und so ins Unendliche. —

Schliessen kann ich wohl von einer Wirkung auf die Ursache, aber diese Ursache kann ich nicht als die letzte und unverfängliche beweisen, weil dazu wieder höhere Ursachen und Wirkungen schlechterdings erforderlich wären, und bey diesen, wenn sie von neuem bewiesen werden sollten, das Spiel von forne angienge u. f. w. — Der Mensch ist frey wie ein Stück Holz auf der Oberfläche eines Flusses, das bald dahin, bald dorthin schwimmen, bald hoch auf, bald unterwärts, bald gar auf dem Boden liegen, das fortgehen kann mit dem Laufe des Wassers, oder auch sich festsetzen kann an einem der Wasserufer, oder an einem Gesträuche, das hineinhängt, an einen Stein, der emporragt u. f. w. — Der Mensch als solcher verlangt keine Beweise fürs Daseyn Gottes, für seine Unsterblichkeit u. f. w., weil er weder einen, noch keinen Gott, weder eine, noch keine Unsterblichkeit glaubt; denn er ist ja Mensch, auf diese Erde gegenwärtig gesetzt—, dem alles menschliche von selbst zufallen muß. Es mag einen, oder keinen Gott geben; so braucht er weder an einen noch an keinen zu glauben; giebt es keinen, und er glaubt doch einen; so schadet er sich dadurch, indem er so viel und so lange umsonst und ganz vergeblich geglaubt, sich wohl auch manche unruhige Lebensstunde gemacht hat. Giebt es einen, und er glaubt doch keinen; so nützt ihm dieses auch nichts; denn ist er Mensch; so muß es ihm wohl gehen, und ist er nicht Mensch, so kann ihn auch Gott nicht zum Menschen machen, um es ihm, als solchen, wohlgehen zu lassen. — Welch ein elender Gott wäre der, der es mir wollte entgelten lassen, wenn ich nicht an ihn glaubte; jede scheußliche Figur auf Papier gemahlt wäre mir weit wichtiger als er, wenn er zürnen könnte, weil man ihn nicht kennt, weil man nichts von ihm weiß! — Ich wäre mehr, wie er; ich könnte ihn zwingen durch mein menschliches Handeln, mich als Menschen zu behandeln oder behandeln zu lassen; aber er könnte und dürfte mich nicht wie ein Thier, wie einen Unmenschen behandeln, wenn ich Mensch wäre! — Eben so verhält sich's auch mit den Lehren und ihren Beweisen für Unsterblichkeit und Moralität — doch wir müssen hier, obgleich sehr wider Willen, abbrechen, wenn diese Einleitung nicht weitläuftiger werden soll, als die ganze kleine Schrift. — Nur so viel fügen wir noch hiezu, daß uns die ganze Kantische Philosophie nichts mehr hilft, als jede der alten und verblühten, zu denen sie bald, wie weiland die Gebeine der jüdischen Könige zu ihren Vätern, gesammlet werden wird; daß wir sie, vorißt wenigstens, gar noch nicht gebrauchen können, und vielleicht, wie es völlig das Ansehen hat, auch niemals. — Itzt und für immerwährende Zeiten ist uns eine Philosophie, eine Lebenswissenschaft nöthig, deren Theoretischer Theil blos Anthropologie, oder Menschheitskenntniß in sich faßt, und der praktische blos die Resultate aufstellt, die aus der ganzen Vergangenheit und aus der Gegenwart der Menschheit folgen, oder alle Resultate der Vorzeit und Itztzeit. Denn auf diese Art wird erst jedes Menschenalter in den Stand gesetzt, sich eine Zukunft zu bereiten, die mit der nächsten Vergangenheit in genauer Verbindung steht, und diese noch übertrifft, eben weil sie im Ablauf der Zeiten höher als sie steht und jene etwas schlechtere schon voraus hat. Die Menschheit muß doch immer allmählig besser und vollkommner werden, und zwar um so schneller, je vollkommner und mehr vorgerückt sie bereits ist; folglich muß ein Zeitalter das andere wenigstens in einigen Hinsichten übertreffen. — Ein Philosoph, der zu sprechen sich erdreisten kann, seine Philosophie sey nicht für alle, und wer sie nicht verstehen und verdauen kann, mag sie stehen lassen, — der muß schlechte Begriffe von wahrer Philosophie haben. Die Philosophie muß schlechterdings für alle seyn, wie schon die Natur der Sache mit sich bringt; blos für alle Menschen ohne Ausnahme, nicht für die Schulen, brauchen wir Philosophie. Ohnehin sollen ja alle Menschen das werden, was die Gelehrten und Philosophen itzt sind, denn diese müssen nur ein wenig vorausgehen, jene immer nachgehen; diese sollen immer etwas vorausdenken und vorausbandeln, und jene auf dem Fusse nachfolgen. — Die Philosophie besteht einzig und allein in der Kunst „das zu wissen, was ich als Mensch wissen muß, um hernach daraus bestimmen zu können, wie ich als Mensch auch leben und — handeln kann und muß." Wer unter Philosophie sich etwas anders vorstellt, dem sage ich frey ins Angesicht, daß er noch gar nicht über die wahre, einzige Philosophie der Menschheit nachgedacht habe; den nenn' ich beherzt einen

Schulgelehrten, aber keinen wahren Menschen. Denn jeder unserer Leser sieht leicht ein, daß in jenem richtigen Sinne, wie wir ihn gegeben haben, jeder Mensch ohne Ausnahme Philosoph seyn muß, wenn er anders der Verbannung aus der Menschheit entgehen will. Jeder muß und kann schlechterdings wissen, was ihm als Menschen zu wissen zukommt; jeder muß nach seiner Menschheit handeln; denn durch beydes erhält er erst das Recht, in der Menschenwelt als ein vernünftiges Wesen zu gelten und aufzutreten. — —

Hätte Kant mehrere Schriften von ähnlichem Inhalt mit jener "zum ewigen Frieden" geschrieben; hätte er seine nicht geringen Geisteskräfte auf der Menschheit näher liegende, auf allgewöhnlichere Gegenstände u. s. f. verwendet; so würde er viel wohlthätiger für viele Völker gewesen seyn, als er es bisher durch seine trocknen, schwerfälligen Speculationen war. Hätte Kant eine empirische, eine menschliche Lebensphilosophie, worinn der Metaphysik mit gar keinem Worte gedacht wäre, die sich ganz auf den sich immer gleichbleibenden Mechanismus der Natur, auf die fester, als alle reinen Principe, stehenden Gesetze der Menschheit gründete, aufgestellt; so hätte er vielleicht ein wohlthätiger Genius für Millionen werden können. Hätte Kant bis auf den Boden aller Erfahrung mit seiner starken Phantasie eingegraben, hätte er die ganze veraltete Vergangenheit der Menschheit in ausgegangenen Resultaten dargebracht, hätte er in den Tiefen derselben scharflauschend herumgewühlt und feyerlich von seinem Vernunftthron der Menschheit

zugerufen: „Menſchheit! das warſt du —
„Menſchheit! das biſt du — Menſchheit!
„das wirſt du — das mußt du werden; —
ſo hätte er ſich allgemeine Ehrfurcht und Bewunde:
rung erworben. — Hätte Kant einen neuen, leich,
ten untrüglichern Weg zum höchſten und letzten Stre:
bepunct der Menſchen geöfnet; hätte er aus dem
ganzen Meer der Vorzeit die natürlichſten und zweck,
dienlichſten Mittel dazu aufgeſpührt; ſo würde er mit
Socrates, Confuzius u. a. m. in eine Reihe geſtellt
werden können. Hätte Kant der deutſchen Nation
wenigſtens einen feſten Richtpunct vorgezeichnet, hätte
er unſere Cultur und unſere Aufklärung auf unerſchüt,
terliche Grundpfeiler geſtützt; hätte er Lehren vorge,
tragen, die gleich auf unſere gegenwärtige Lage und
Verfaſſung einflöſſen; ſo würde er den erſten Platz
gleich nach Luther einnehmen; ſo würde er einer der
erſten Deutſchen mit Recht genannt werden können. —
Doch genug; jeder wirkt in der Sphäre, die ihm die
paſſendſte zu ſeyn ſcheint, die er ſich einmal für ſeine
Kraftäuſſerungen auserſehen hat; einer wirkt auf
dieſe Art, der andere auf jene; einer ſchlägt dieſen
Weg ein, der andere jenen; der eine trift mit ſeinen
Wirkungen näher zum Ziel, als der andere; der eine
geht unwiſſend durch Krummwege zu ſeinem oder al:

gemeinen Ziel, und der andere erblickt unverhoft einen geradern Gang u. s. f. — Wirkt einer nicht unmittelbar durch seine Lehren und Handluugen auf den menschlichen Zustand, auf den thronenden Zeitgeist ein, so thut es ein anderer; besitzt einer keine heroische Aufopferungsluft, ist einer zu schüchtern und ängstlich; so ist ein anderer desto lebensverschwenderischer, desto beherzter und furchtloser. Die Natur zwingt keinen, die Ruhe seines Lebens; oder letzteres selbst zum Besten der Menschheit hinzuopfern; wer es nicht thun will, der lasse es und spinne lieber dafür in seiner Studirzelle metaphysische Phantasiegewebe, die ihn gegen alle schweren Aufopferungen, gegen alle Selbstsgefahren sattsam bewahren. Große Lebensfülle, uns ruhige Selbststärke meldet sich von selbst an, sie bricht aus, und läßt sich durch keine Lage, durch keine Klugsheit u. s. f. zurückdrängen. — Hätte Kant seine Philosophie auf den unwandelbaren und in alle Ewigkeit unveränderlichen Empirismum der Natur übersgetragen — denn wir leben ja in keinem Chaos — sondern in einem nach eisernen, dauerhaften Regeln geordneten Ganzen, — oder hätte er wenigstens seine Denkkräfte über mehrere empirische Gegenstände z. B. über Staaten, — über ihre Gesetze und Forsmen — über Anthropologie u. s. w. ausgelassen; so gebührte ihm von unserer Seite aller Dank. — Doch, wie gesagt, jeder lebt seines Glaubens, jeder geht seinen Weg, oder geht wenigstens auf dem allgemeinen Wege anders als andere — und wer kann und darf ihm so was verdenken, als allenfalls, wenn er will, er selber? — Demungeachtet ist dieser philosophische Entwurf zum ewigen Frieden von Immanuel Kant, den wir vor uns liegen haben, — nicht so ausgefallen und gerathen, wie man wohl von Kant wünschen und erwarten konnte. — Die Idee, welche darinn ausgeführt wird, ist sehr alt, ist gewöhnlich, und fast möchte ich sagen alltäglich; die alten Dichter haben sie fast mit ihren gefälligen Mahlerpinsel zerrieben, und jeder Theologe, der von der Erziehung des menschlichen Geschlechts, der von einer göttlichen Vorsehung und Weltregierung, der von der Vervollkommung unsers Zustandes auf Erden — etwas weis, wälzt sie beständig in seinem trocknen Kopfe herum. Ja selbst jeder Laie weiß, spricht und hoft, daß es in der Welt nicht so bleiben kann, wie es gegenwärtig ist, daß Zeiten kommen müssen, wo Krieg und Blutvergießen, wo Druck und viehische Jocharbeit, wo niederträchtige Feindschaft und sprudelnder Glücksneid u. d. m. allmählig aufhören werden. Jeder glaubt an die Perfectibilität der Menschheit und ihres Erdenzustandes, jeder ist überzeugt, daß immer bessere und glücklichere Secula von der Vorsehung gebohren, heranrollen werden; jeder denkt, daß immer heilsame Veränderungen die Menschen zu mehrerm Glück hinführen; kurz, ich kenne keinen Sterblichen, der nicht im tiefen Hintergrunde der Zukunft goldene Tage erblickt und sie sich und andern prophetisch weissagt. Ferner sind die sogenannten ewigen Friedensschlüsse unserer Despoten schon längst ein öffentliches Gespött, selbst dem gemeinsten Pöbel ge= gewesen; schon lange hat man die diplomatischen De= ductionen von der Rechtmäßigkeit und Nothgedrun= genheit willkührlicher, egoistischer, unmenschlicher Kriege verdammt und verwünscht; schon lange hätte man gern allen Despoten Hände und Füße gebunden, um sie von allem Kriegführen abzuschrecken u. s. f. Jeder weiß aus der Geschichte der Englischen, Ameri= kanischen, Französischen Revolution u. s. w., daß die bis itzt in der Erfahrung uns vorgekommene beste Staatsverfassung diejenige sey, wo die Gebung und die Vollziehung der Gesetze unter zwey verschiedene Korps getheilt ist; wo die Nation durch ihre besten und uneigennützigsten Staatsbürger reprä= sentirt wird, wo jeder Staatsbürger ist ohne Aus= nahme, wo blos der Mechanismus der Gesetz ge=

bietet und alle gehorchen. — Soll also Friede, oder ewiger Friede, als die erste Bedingung zur Verbesserung des menschlichen Lebens auf Erden, als die erste Annäherung zur Realisirung jenes allgemeinen Wunsches werden; so dürfen freylich, wie bisher, keine Waffenstillstände, sondern es müssen **Friedensschlüsse** abgeschlossen werden. Seit 6000 Jahren, oder so weit unsere Geschichtbücher reichen, ist kein wahrer Friedensschluß auf der ganzen Oberfläche der Erden gemacht worden; es waren lauter Waffenstillstände, die man entweder aus Politik, oder aus Ohnmacht und Entkräftung gezwungen eingieng. Daher hat das arme, von seinen blutigen Tyrannen zerfleischte Menschengeschlecht in der ganzen Dauer seines Daseyns noch nie einer Ruhe, einer süßen Erholung nur von einem Jahrhunderte genossen; daher sehen sich beständig Menschen gegen Menschen, und Völker gegen Völker in Tod und Verderben athmenden Kampf begriffen. Daher rauchten unaufhörlich auf diesem unseligen Planeten zur Versuchung der Gottheit, wie aus der greuelvollsten Hölle der Verdammten, geronnenes Menschenblut, verstückelte Leichname von Menschen und Thieren, der Schweiß in gesetzlosen Kriegen mißhandelter Völker, das Jammergeschrey entmenschter, geplünderter und zerschlagener

Hüttenbewohner empor. Daher stößt man in der ganzen Vergangenheit weiter auf nichts als auf verruchte, ungerechte, unmenschliche Kriege, auf mörderische Schlachten, auf Verwüstungen, Verheerungen und Entvölkerungen ganzer Reiche und Länder, auf Einäscherungen schöner, volkreicher Städte, auf Meuchelmorde, auf Giftmischereyen, auf Empörungen gekränkter und verwundeter Nationen u. s. w. — Daher ist diese ganze Zeit von 6000 Jahren von der sogenannten Mosaischen Schöpfung an bis auf uns mit lauter Kriegen ausgefüllt, in lauter Unruhe, Schrekken und bangen Erwartungen, in lauter Seufzern und Wehklagen über das Elend, das alle Augenblicke die Menschheit verwüstet — verflossen. — Man könnte der Menschheit einen unendlichen Gefallen erweisen, wenn man entweder im allgemeinen berechnete, wie viele tausend Jahre Krieg und teuflisches Morden auf der ganzen Erde, seitdem sie uns bekannt ist, gewüthet, und im Gegentheil wie wenige Jahrhunderte sogenannter Friede und Aufschub von Feindseligkeiten gedauert haben; oder wie viele höllische Kriegsjahre jeder einzelne Staat in seinem ganzen Bestande erlitten, und wie viele Friedensjahre er dagegen im

ganzen Daseyn gehabt hat. — Eine solche Ueber:
sicht aller schwarzen Kriegszeiten und der wenigen
heitern Friedensjahre, welche letztere noch ohnedem
der boshafte Weltgenius ohnmächtigen, besiegten und
Truppen= und Geltlosen Tyrannen und Völkergeis:
seln abgenöthigt hat, — eine solche lebhaft entwor:
fene Uebersicht sage ich, müßte, zumahl in unsern Ta:
gen, einen herrlichen Eindruck auf die Europäischen
Nationen, die bald zu fühlen anfangen, her:
vorbringen. Ich fordere jeden im Namen der gan:
zen Menschheit auf, sich diesem heilbringenden Ge:
schäfte, wenn er demselben gewachsen ist, auf der Stelle
zu unterziehen; und wenn er nicht mehr als hundert,
oder tausend Menschen dadurch aus ihrem groben
Thierschlummer aufrüttelt; so verdient er schon, daß
man seinem Namen eine Stelle an der allgemeinen
Menschheits Ehrensäule vergönnt. — Ich behaupte hier
muthig vor den Augen der ganzen Welt und alle Despo:
ten ins Angesicht: daß sie kein einziges Jahr,
keinen Monath, ja keine Woche lang Ruh:
und Friede ihren gefesselten Nationen
gelassen haben würden, wenn sie immer
bey Kräften, bey Geld und Truppen ge:
wesen wären, Krieg zu führen, oder viel:

mehr ihren ewigen Krieg gegen die Rechte und die Vernunft der Menschheit fortzusetzen. Schreckliche, Ohnmacht erregende Behauptung! Mark und Bein erschütternde Wahrheit! vernehmt sie, ihr Völker Europa's und erwacht; denn ihr schlaft unglücklich unter der eisernen Decke eurer Vorurtheile! — Ueberhaupt müßte es wie Blitz und Donner auf die rege werdenden Europäischen Nationen wirken, wenn man von der ersten grausamen Verwüstung und Verunstaltung des Erdbodens an bis auf unsere Tage die vornehmsten und auffallendsten Unglücksfälle und Schauderscenen herausgäbe, die das menschliche Geschlecht betroffen haben, und sie mit brennender Einbildungskraft allen Augen vormahlte. Man müßte bey dieser göttlichen Beschäftigung ganz synchronistisch verfahren, gleichsam über den Erdball mit seiner schwungvollen Phantasie stehen, um das allgemeine Elend und Unglück recht überschauen zu können, das in allen Zeitaltern, in allen Ländern und unter allen Himmelsstrichen die bedauernswürdigen Sterblichen gequält und gepreßt hat. Dadurch wäre es vielleicht möglich, den Menschen die verschloßnen Augen aufzureissen über sich und über ihren jammervollen Zustand und das Ende alles Despotismus und aller

Volkszermalmung merklich zu beschleunigen. Heuchlerische Andächtler, vergoldete Fürstenmaschinen, beschenkte Frohngeschöpfe möchten dann immer Theodiceen zu Dutzenden schreiben; sie würden nie den Eindruck vertilgen, welchen eine solche kraft- und geistvolle allgemeine Geschichte des menschlichen Ungemachs vom Anbeginn der Tage bis auf unsere Zeiten machen müßte. Man muß nicht warten nach dem blöden Wahnsinne vieler, bis blutgierige Despoten die Völker durch türkische Brutalität zur Verzweifelung gebracht haben, sondern man muß die Menschen selbst zur Verzweifelung bringen, damit sie je eher je lieber aus den Klauen des Satans erlößt werden. Jeder, der kann, muß den Menschen die vergiftenden Hofnungen, die täuschenden Blendhüllen vor den Augen wegreissen, jeder muß ihnen die elenden und schlaffmachenden Aussichten in die bessere Zukunft — möglichst versperren; jeder muß sie dringend auffordern, sich selbst es besser zu machen, sich auf der Stelle einen des Menschen würdigern Zustand zu erringen. Warum warten? warum länger hinschmachten? warum länger unter den ehernen Füssen der geistlichen und weltlichen Priester, unter den Schwerdtern der Tyrannen sich krümmen?

warum ächzend beeben? warum auf die unerbittliche Hülfe ich weiß nicht welcher Gottheit harren, die gelassen zusehen könnte, wenn auch dieser Planet in Trümmer sich auflößte und zerrieben im leeren Weltraum hinunterstäubte? — Es ist traurig, es ist äusserst niederschlagend; daß die schlafsüchtigen Menschen erst zur Verzweiflung gebracht werden müssen, ehe sie hastig und muthig nach ihren Rechten greifen, ehe sie sich nur lebhaft an die Zwecke ihres Hierseyns erinnern, ehe sie sich nur einfallen lassen, wer sie sind und was sie seyn sollen. Allein es ist nun einmal so! Verzweiflung ist der Blitz im Innern der Menschheit, Verzweiflung ist das majestätische und schauerlicherhabene Donnerwetter in der Menschenwelt, worauf allemal heitere und ruhigere Zeiten erfolgen, indem der Unglücksstoff des Despotismus zum Theil verzehrt worden. — Da also dieß ausschliessend das einzige Mittel ist, wodurch die Völker geweckt werden; so ist auch schlechterdings und ohne Bedenken Gebrauch davon zu machen, so oft sie unter ihrer peinlichen Last gedrückt in matten Taumel gesunken sind. — Gehorchten mir Millionen von meinen Brüdern; so würd' ich sie bald erlösen; so sollten in kurzem die Behälter ihrer Peiniger in Staub und Asche zer-

trümmert daliegen; so sollte bald der Ketten- und Fey
selndruck auf der Oberfläche der Erden ein Ende
nehmen. Sterben müßte jeder Frevler so kalt, wie
man einen Regentropfen von der Hand wegwischt,
fallen müßte jeder Unmensch so gleichgültig, wie man
eine Faser vom Kleide herunterbläßt. Die Menschen
müßten zu Menschen gedonnert, sie müßten in ihre
Vernunft hineingeschreckt werden, ihre Rechte und
Zwecke müßte man ihnen in die bebenden Hände hin-
eindrücken, unerbittliche Strenge, kalte Todesvoll-
machten, blitzschnelle Vernichtungen müßten so lange
anhalten, bis die ersten Spuhren einer bessern Zeit
und einer neuen Ordnung der Dinge überall ans
Tageslicht herausbrächen. — — Wer weder Herz
noch Muth hat, die ganze zahllose Menschheit so
zu behandeln, wie sie von der Natur, vom Himmel
herab behandelt wird; der lebe ruhig in seiner Hütte;
er wird nie was Großes unternehmen, nie viel Gutes bewirken und durch seine Schüchternheit mehr Unheil als Heil anrichten. — Man gebe mir das ganze
menschliche Geschlecht, ich will den Himmel damit
stürmen, die grausamen Götter, die uns in unserer
Noth verderben lassen, ohne nur die mindeste Hülfe
uns zuzusenden, herabstürzen und mit den Haaren
auf diesen Planeten so lange herumschleifen, bis

sie knieend versprechen, künftig ein wachsames Auge auf alle irdischen Unordnungen und Ungerechtigkeiten hinzuwerfen! — Wär' ich Alexander, ich durchzöge mit kraftvollen, muthigen Männern den Erdboden, zersprengte alle Fesseln und Bande der Menschheit, brächte überall neue Kraft und reges Leben in die abgezehrten Nationen, verletzte die blutlosen Tyrannen, weckte die gestorbene Menschheit zur Auferstehung, und wär' ich fertig mit meinem ermüdenden Weltgeschäfte; so würde ein freywilliger Tod mich dem Leben sogleich entziehen. — Es brennt siedend heiß im Innern eines gefühlvollen Menschen; wenn er die Völker der Erden und ihr klägliches Schmachten nach Friede und Ruhe so ansieht, wenn er sie warm und eifrig von dem Ende des Krieges und der damit verknüpften Drangsale aller Art sprechen hört, wenn er ihre große Kinderfreude über jeden gezwungenen Waffenstillstand, oder sogenannten ewigen Frieden, beobachtet. — O! du arme, blinde Menschheit! was freust du dich über Friedensschlüsse? weine, wehklage, jammere, was und so lange du kannst: denn die Fortsezzung des eine Zeitlang beygelegten Mordens steht dir unausbleiblich bevor; man erholt sich blos, man schaft sich von deinem Werk neue Kräfte an, man rüstet sich blos zur baldigen Wiedereröfnung des wildesten, ab-

D

abscheulichsten Streitkampfes! O! ein Geschrey vom Abend, ein Wimmern von Morgen, ein Klagen von Mittag, ein Aechzen von Mitternacht über den gegenwärtigen, ungerechten, grausamsten aller Satanskriege! Wie die Völker Europa's seufzen über diesen gräuelvollen Krieg, der ganze Länder und Reiche verwüstet, der Armuth, Mangel, Noth und Theurung und Leiden ohne Zahl rings um sich her ausgießt, der Menschen in unvernünftige Bestien verwandelt, der Unsittlichkeit und Laster über Europa ausschüttet, der ganze Schaaren von Krüppeln, Verstümmelten, Mördern und Räubern vor sich hertreibt, die alle Länder und alle Städte unsicher machen, der Qual und Zittern ausdünstet und überall unheilbare Wunden schlägt! Wie Deutschlands großmüthige Bewohner leiden, ach! wie sie kläglich winseln über Mangel und Theurung, über Grausamkeiten und unerhörte Erpressungen! wie sie seufzend und flehend das Ende dieses frevelvollen Krieges herbeywünschen! wie sie sich gern alle unsäglichen Leiden gefallen, wie sie alles, alles verschmerzen wollen, wenn nur Friede, nur bald Friede wird! Du bemitleidenswerthe Nation, die du bey allem Kreuz und Drange geduldiger und gelaßner bist, als jede andere; die du deine Fürsten immer so liebst und achtest — du dauerst mich bis im Innersten meiner Seele! Wenn nun auch, wiewohl erst in einem, vielleicht auch einigen Jahren, ein sogenannter Friede mit Frankreich durch nothgedrungene Unterhandlungen zu Stande kommt und kommen muß, was hilft es dir? In kurzem beginnen die Feindseligkeiten von neuem, sey es auf der nähmlichen, oder auf einer andern Seite. In kurzem brechen neue, racheschnaubende Kriege aus, die deine Vormünder und Landesväter, ob sie sich itzt gleich bis zur Theilnahme an deinen Schmerzen, durch das glänzende Unglück dieses räthselvollen Krieges tiefgebeugt, herabgelassen zu haben scheinen, mitten in diesem barbarischen Kampfe so gleichgültig, wie eine ihnen alltägliche Lustparthie, entworfen haben. Wie lange wird es dauern; so werden hunderttausende deiner zu verschrobenen Maschinen abgerichtete Mitbrüder gegen ihre Brüder auf der Tod zischenden Schlachtbank hingeopfert? Deutsche gegen Deutsche, Nachbarn gegen Nachbarn, Brüder gegen Brüder werden in kurzem einander wieder als Feinde entgegen geführt werden, um sich zu morden, zu schießen, um sich zu zerstümmeln auf gütigen Befehl ihrer Landesväter, die es so treulich, so erkenntlich mit ihren zum Uebersluß gebenden Unterthanen meinen... Weine von allen Seiten hartgedrängtes Deutschland, für dich ist noch kein Friede zu hoffen; dein Unglück, deine traurige Lage verschlimmert sich noch mit jedem Jahre zusehens. Und ach! itzt will man dir gar wieder die wenige Geistesfreyheit rauben, die man dir bisher, durch einen Anfall der Vernunft überwältigt, gelassen hatte! itzt will man neue Nebel vor deine kaum etwas sich geöffneten Augen hintreiben; itzt will man dir wieder den öffentlichen Gebrauch deiner Denkkräfte durch List, heimliche Maaßnehmungen, ja selbst durch drohende Gewalt verkümmern; itzt will man dich gar in deine etwanigen Fortschritte zur Aufklärung mit gebiethender Macht aufhalten und dich allmählig in das gräßliche Dunkel verwichener Seculo zurückdrängen! Wehklage thränend mißhandeltes Deutschland! in kurzem werden vielleicht deine schönen Länder von rauhen, wilden Barbaren überschwemmt, die dich mißhandeln und schänden, die dich ängstigen, die dir räubende Erpressungen aller Art anthun, die deine Vernunft zurückbannen, die deinen krummen Nacken noch tiefer zur Erde herabbeugen, wo du dich nach und nach deiner mit Mühe errungenen Humanität und Vernunftbildung entwöhnst! Itzt schreyst du über aussaugende Erpressungen, über unerhörte Miß-

Handlungen, über trostlose Härte, über jammervolle Verwüstungen, deiner sauer bereiteten Aecker und Gärten, deiner mühsam erworbenen Wohnungen und Hütten, über blutige Zerfleischungen deiner kümmerlich entgangenen Söhne u. s. f. — o! weine nicht, mach' deinen qualmenden Schmerz stumm, laß ihn heimlich an deinem Eingeweide nagen, und warte die unmenschlichen Leiden ab, welche im ersten folgenden Kriege deiner und deines Landes warten! O! wie du ängstlich lauschst bey jedem leisen Worte, das muthmaßlich über einen neuen Krieg hingeworfen wird; wie du zitterst und zagst bey dem trüben Anschein zu wiedererregtem Blutvergießen in Deutschland, wie du dich verzweifelnd lieber aus dieser lächerlichen Welt wegwünschst, als noch einen zerknirschenden Höllenkrieg auszustehen und zu erleben! Ich verdenke es keinem meiner Mitbrüder, wenn er sich aus dieser Frevelgrube wegsehnt; wenn er Gott und der Natur und der ganzen Menschheit wüthend flucht; denn in der allerfürchterlichsten Satanshöle, muß es sich unterdessen wahrhaftig wie im Himmel wohnen lassen, während auf diesem Erdenrund alle erdenkliche Mordinstrumente gegen unschuldige Leute in Bewegung gesetzt werden. Wenn es nicht bald besser auf der Erde wird, wenn ich keine bessern, glück-

lichern Zeiten herannahen sehn; so werd' ich noch der
allgemeine Fluch zum Besten der Menschheit werden,
so werd' ich mich noch an der Gottheit schrecklich ver-
sündigen, durch ungestüme Auffoderungen, der Menschheit zu helfen; so werd' ich noch ewig, ewig von der
auf mich zürnenden Allmacht — um der Menschen
willen verdammt werden! Doch es sey, wenn nur die
Menschheit dadurch glücklicher wird. Hier steh' ich
und verlange schlechterdings Rettung für die Menschen — Rettung, Rettung von oben herab! wo ist
die Weltmacht, die mich deswegen zu bestrafen fähig ist? Auf! auf! träge Himmelsgottheit,
hilf uns, send' uns starke Schutzgeister in Menschen-
hüllen, die uns Leben und Freyheit ersiegen! Oder
kannst du nicht; nun so versuch nur noch einmal den
Rest deiner geschwundenen Gottesstärke, mach' unsern
Planeten loß von seiner Verbindung mit andern und
laß ihn in unzählige Trümmern weit und breit zerstü-
ben. Eine von beyden Bitten mußt du uns gewähren, sonst bist du nicht Gott, sondern jener Satan,
dessen Name blos allgemeines Entsetzen bewirkt. —
O! blickt hin ihr Völker Europa's auf euere im Kriege
ermüdeten und abgematteten Beherrschet! o! schaut
ihre grollenden Gesicher an, weil sie nicht nach ihrem
heißen Willen fortfahren können in den Eingeweidek

der Nationen herumzuwühlen! o! bemerkt, ich bitte euch, ihren Zorn, weil Ohnmacht und Völkergewinsel sie nöthigen, einen Waffenstillstand auf einige Jahre einzugehen! Hört! hört! wie sie sich erbittert vorsetzen, künftig ihre Absichten durchzuführen, künftig sich nicht stöhren zu lassen in der Ausführung ihrer Plane, und sollten alle Nationen in kindischen Zähren zerschmelzen, und sollten Millionen zersplittert werden, Millionen verhungern und alles vor innerer Wuth die Hä̈nde gen Himmel emporstrecken! — Das sind euere Fürsten! das euere Vormünder! das euere Landesväter, denen ihr euch mit Leib und Seel, mit Haab und Gut anvertraut habt! — Heilig, heilig sey euch daher Europa's Völker, folgender Rath, den mein blutendes Herz euch giebt. „Wenn die auf „Frankreich erboßten Fürsten mit der größten Verachtung der Gottheit das Ende dieses schwarzen, durch „alle Geschichte und Zeitalter wie Blut flammenden „Krieges durch ein Fest, durch die gewöhnlichen Ge„sänge zu feyern anordnen; so sey euch dieser Tag „der größte Bußtag, den jemals die Sonne be„leuchtet hat. Geht in die Kirche, fallt sämmtlich „auf euere Knie und singt wehmühtige Klaglieder; „oder verschließt euch in euere Wohnungen und trauert „in Todeskleidern, und fastet und heulet und jammert;

„denn dieser Tag, wo das Friedensfest gefeyert wer-
„den soll, ist der erste Vorbote zu neuen Kriegen, die
„unausbleiblich auf euch betäubend hineinstürzen!" —
Ihr alles vertilgenden Blitze fahrt aus den Wolken
herab auf die Frevler, die an diesem schauervollen
Bußtage in Kirchen Lob = und Danklieder für das
Ende des alten und den Anfang des neuen Krieges abzusingen sich wie Rasende erfrechen, und die
Menschheit verhöhnen! —" Macht Todenstille, schließt
„alle Arbeiten und Geschäfte, versagt euch Essen und
„Trinken, kniet mit entblößten Häuptern die Hände
„ringend, stammelt Wehklagen mit euerm zuckenden
„Munde, benetzt die blaßen Gesichter mit siedenden
„Thränen an diesem ersten und heiligsten aller Buß-
„tage und erweicht die Gottheit zum endlichen Erbar-
„men." Dieß, ihr Deutschen, sey euer Friedensfest
nach geendigtem Todtenkampf! wehe dem Unseligen
und Verstockten, dem an diesem Tage eine heitere
Miene entstellt! — Folget ihr meinem gutgemeinten
Rathe, ihr Völker, ich versichere euch, euere Fürsten würden zittern und bebend hin und herlaufen; sie
würden wie angemauert dastehen, und vor betrüben-
dem Unmuth nicht wissen, was sie bey dieser allgemeinen Völkertrauer ergreifen und beginnen sollen!—
Verstockt sind die Fürsten, wie Aegyptens Pharao.

ihr Herz ist steinern, ihr Blut eißkalt, ihr Inneres vergiftet; sie sehen nicht, sie hören nicht, und wenn ein Engel vom Himmel käme, und alle zehn verderblichen Verwüstungsplagen über ihre Unterthanen schüttete; so würden sie nicht vom Kriege ablassen, der weder ihnen noch ihrem Lande nur die mindesten Vortheile gewinnt. Schlägt der Würgengel alle junge Mannschaft in einer Nacht, werden auf einmal durch flugschnelle Pesten und Seuchen ganze Millionen verschlungen, die Länder menschenleer, die Felder wüste und öde, die Städte und Dörfer verwaißt — dann, dann und nicht eher wird Friede; dann muß Friede werden; denn der Himmel selbst hat ihn gemacht. Theurung, Sündfluthen, allgemeine Erderschütterungen, Pesten und Seuchen, Würgengel — das, das sind die mächtigen Dinge, die den Fürsten eilig den Frieden gebiethen. — — Aber was hilft dann Friede, wenn keine Menschen da sind, die ihn genießen können, wenn Grabesstille und verwespte Leerheit den Flüchtlingen aus der allgemeinen Zerstöhrung entgegenwehet? O! könnt' ich, welches Herz angreifende Gemählde wollt' ich von den verzehrenden Plagen des Krieges entwerfen! Doch gut! Zur andern Zeit schildere ich Kriege und Schlachten und Plünderungen und Eroberungen fester Städte u. s. w. mit glühenden Farben meiner Phantasie, und verwunde damit die kälteste und härteste Brust jedes Erdenbewohners. — Auf diese Weise und unter diesen mißlichen Umständen wird also noch kein Friede, nicht einmal ein Seculum hindurch, geschweige denn auf immerwährende Zeiten. Soll aber dieß doch geschehen; so müssen, wie Kant richtig angiebt, keine Aufschübe von Feindseligkeiten auf einige unbestimmte Fristjahre, sondern wirkliche, Friedensschlüsse zwischen Nationen geheiligt werden. Allein zur Realisirung dieses philosophischen Wunsches ist noch nicht der allermindeste Anschein vorhanden; denn sollte dieß möglich seyn; so müßten die meisten und wichtigsten und gebildetsten Völker in Europa eine republicanische Verfassung angenommen und ihre Unformen abgeschüttelt haben. So lange die meisten Völker von Monarchen oder Despoten im Zaum gehalten werden, d. h. eine verfassungslose Heerde Menschenthiere für ihre Hirten und geisselnden Treiber sind, die mit derselben vornehmen können, was ihnen nach ihrem rohen Sinne gut dünkt; so lange werden furchtbare Kriege eben so unvermeidlich den Erdball entstellen, als die Sone, so lange sie sichtbar ist, ihren Schein auf uns herunterwirft. — Thierische

Kriege sind die beste und fast einzige sichere Stütze zur Aufrechthaltung des Despotismus und seiner Thronen; bey jedem Kriege hat der Despotismus die herrlichste Gelegenheit sein erschlichenes Ansehen, seine geraubte Macht, seine widernatürliche Strenge zu Tage zu legen und sich von neuem (wenn der Krieg nicht ganz unglücklich ausfällt und nicht allzulange dauert —) in seinen gestohlnen Rechten zu befestigen. Jeder Krieg macht in staatslosen Staaten — oder Despotien die Nation noch verlegner, noch schüchterner, noch muthloser, noch geschwächter u. s. w., so daß ihr alle Lust verliert, sich mit der Zeit wieder in den Besitz ihrer verlohrnen Menschenrechte mit Gewalt zu setzen, außer wenn Verzweiflung sie durchblitzt. Jeder Krieg, so wie jede Fieberwallung, jedes Auflodern der Leidenschaften der Menschen, raubt der Nation einen Theil ihres Geistes, ihrer Würde und ihrer Selbstkraft; jeder Krieg schlägt der Nation eine Wunde, deren Narbe nicht wieder vergeht. — Kurz, wie ist es Despoten möglich, nur acht Jahre lang mit ihrem Nachbarn in Friede und Ruhe zu verbringen. — Soll in der That ein immerwährender Friede entstehen; so müssen mehrere angesehene Nationen sich in eine republicanische Staatsform hineinkämpfen, die ein beständiges Freundschaftsbündniß errichten, wo die Vortheile der Staatsbürger in beyden völlig gleich sind, wo es eins und dasselbe gilt, ob ich dieser oder der benachbarten Gesetzgebung gehorche u. s. f. — An diese Nationen müssen sich immer mehrere anschließen, oder müssen gar mit den vorigen in einerley Staatenland zusammenfliessen, damit die Größe, das Ansehen und die Würde dieser, im ewigen Frieden lebenden Völker sich möglichst verstärke. Dergleichen Staaten würden bald das Uebergewicht in ganzen Welttheilen erhalten, ihre selige Ruhe und ihr blühender Wohlstand würden immer mehrere Völker reitzen, sich, vielleicht vermittelst ihres Beystandes, eine ähnliche Form des Beysammenlebens zu verschaffen und mit denselben völlig gemeinschaftliche Sache zu machen. Gar bald würden diese endlich einmal in den Hafen der Ruhe eingelauffenen Nationen sich selbst und ihre blödsüchtigen Vorfahren schelten, daß sie ihre ohnehin wenigen Erdenjahre in steten Unruhen, in betrübten Kriegsgefahren, in unausstehlichen Bedrängnissen u. s. f. hinschleppten, statt daß sie ihnen so gut, wie uns itzt, in holder Fröhlichkeit, in angenehmen Ergötzlichkeiten, in ungestörten Vergnügungen aller Art verfliessen konnten. Bald würden die Nationen den unnatürlichen Krieg aufs heftigste verabschuen, die Kriege der übers all Mord dampfenden Vorzeit würden sie anekeln; sie würden sich selbst nur und ihren Zwecken leben; sie würden in den warmen Schooß der göttlichen Natur allmählig zurückkehren und unvermerkt das werden, was die Natur aus den Menschen machen will, nämlich ordentliche und wahre Wollüstlinge. So könnten z. B. itzt vier berühmte und aufgeklärte Nationen, nämlich die Deutschen, Engeländer, Holländer sich mit den Franken, einerley repräsentative Staatsform geben, sich an die Franken anschließen, die nämlichen Zwecke sich vorsetzen und einen ewigdauernden Friedensschluß unter einander zu Stande bringen. Weder den Deutschen, noch den Engeländern würde es schwer fallen, diese Lebensvervollkommnung mit sich vorzunehmen, wenn nur vernehmliche Harmonie und concentrirte Kraft sie dabey leiteten. Und wer? wer könnte ihnen Hindernisse hier in den Weg legen, da der Wille einer Nation das Höchste ist, was es auf dieser Erde giebt, da den Willen — einer Nation nicht nur alle Mitglieder derselben, sondern auch alle Mitnationen aufs heiligste respectiren müssen? Wer, als ein eingefleischter Teufel, könnte sich Verbesserungen und Veränderungen entgegenstemmen, die nach dem Ausspruch aller — (und dieser ist doch hinreichend?) nichts als ungestörten Lebensgenuß, nichts als feste Ruhe und vergnüglichen Wohlstand bezwecken sollen? Keine andere Nation würde sich so leicht an diese vier in ewigen Freundschaftsbund begriffenen Nationen wagen, keine würde sie stöhren können in ihrer Glückseligkeit, die nur durch das engste Zusammenhalten aller völlig unzerstörbar würde; vielmehr, ehe ein halbes Jahrhundert abliefe, würde die Hälfte von Europa dem ewigen Frieden unverbrüchlich gehuldigt haben. Nichts im Himmel und auf Erden zieht den Menschen mehr an als Friede und Ruhe, nichts lockt ihn mehr als Freyheit und Gleichheit, nichts behagt ihm mehr als ein Leben, das er ganz nach seinem Sinne und Geschmacke führen kann — und dieß alles müßte und würde auch wirklich in diesen repräsentativen, oder republikanischen staatsbürgerlichen Gesellschaften zu finden seyn. Sollen die Kantischen Präliminarartikel Sinn und Bedeutung haben, so müssen wenigstens erst einige von den so eingerichteten Staaten in Gedanken vorausgesetzt werden; dann erst gilt kein Friedensschluß für einen solchen, der mit dem geheimen Vorbehalt des Stoffes zu einem künftigen Kriege gemacht. Dieß wäre dann ein wirklicher **Friedensschluß**; allein dieser findet ein — für allemal nicht Statt zwischen despotischen, oder monarchischen Unformen, so lange Despotismus bleibt, was er ist, und so lange Despotismus dauert, ist er, was er izt und von jeher war, unabänderlich. Und wenn Despoten bis ans Ende aller Tage die Völker des Erdbodens zur herzlichen Freude der Weltgötter, wie es scheint, geisseln; so sind bis dahin auch nur Waffenstillstände, und nimmermehr ein reeller Friedensschluß, möglich. — Es muß also wenigstens ein republikanischer Friedensstaat vorausgesetzt werden, der einen andern nach einem geführten Kriege zur Ruhe bringt, wo dann im letztern aller Stoff zu neuen Kriegen völlig ausgewurzelt werden muß, wenn ersterer nicht zu kurz kommen und wirklich Frieden einzugehen im Stande seyn soll. Denn wenn in dem einem noch Kriegsmaterie da wäre, und in dem andern wegen seines Staatssystems keine; so würde ja dieser sehr beeinträchtigt und gar nicht sicher seyn können vor diesem mit Krieg schwangern Volksstaat, vorausgesetzt daß jener erst mit einem solchen Frieden schließen könnte und dürfte, welches der Natur der Sache widerspricht. Aber wozu noch Stoff zum Krieg? es ist ja ewiger Friede und aller feindseliger Zwist auf immer aus ihrer Mitte verbannt worden? es sind ja alle Bestechungen mit Waffen durch einen heiligen Friedensschluß gleichsam abgeschworen worden? Und wozu noch Stoff zum Krieg, da im anderen Staate auch keiner mehr anzutreffen ist, und schon lange keiner mehr sichtbar war, wenn er nicht durch einen grausamen feindlichen Anfall wieder von frischem bereitet worden wäre — und müßte? Und wozu Furcht, da der republikanische Staat, der dem Kriege auf immer Abschied gegeben hat, in völlig kriegsleser Verfassung sich befindet, und nicht den leisesten Verdacht zum Krieg veranlaßt? Ueberhaupt bleibt gar kein Kriegsstoff in einem repräsentativen Staate nach dem Friedensschluß übrig, weil daselbst der Krieg nur mit Staatsbürgern selbst und nur mit ihrem eignem Vermögen geführt werden kann und Niemand ist, der die Last des Krieges nicht empfindet. Ein solcher Staat wird es wohl bleiben lassen, freywillig andere zu beunruhigen und zu bekriegen. — Allein so wie es höchst ungereimt wäre, wenn zwey Republiken einen andern, als immer dauernden Friedensschluß eingehen wollten, eben so unmöglich und lächerlich war es, wenn zwey Despoten einen andern, als einen bloßen Waffenstillstand abschließen wollten und könnten. Sobald dieser Fall einträte, sobald wäre ein solcher despotisirter Staat nicht mehr despotisch; er wäre freygelassen von seinem bisherigen Gewaltherrn und er könnte sich eine Gestalt geben, welche ihm die vernünftigste und vortheilhafteste schiene. Jeder

wahre Friedensschluß, den ein despotischer Staat
mit einem andern machte, wäre das Grab alles
Despotismusses in demselben Staate; indem dann
nothwendigerweise von selbst alle die Dinge und
Werkzeuge wegfielen, die der Despotismus zu sei=
nem Bestande gebraucht. — Wir wiederholen also
noch einmal, daß Republiken angenommen werden
müssen, wenn jene sechs von Kant angegebenen
Präliminararticel zum ewigen Frieden Beziehung
und Anwendung finden sollen. Ist nun ein solcher
Friedensschluß, wie der erste jener Artikel ihn be=
stimmt, würklich geworden zwischen zwey, oder meh=
rern Republiken, oder zwischen mehrern Republiken
und einer, oder vielen Monarchien u. s. f.; so kön=
nen in diesen Staaten die wenigen stehenden Heere
ganz eingehen. Denn sie wären nunmehr gar
zu nichts nütze, indem sie alle Staatsbürger wären
und als solche nicht als Söldner beständig die Kriegs=
waffen — und Feldzeichen tragen würden; überdieß
auch der andere, oder die andern Staaten alle ste=
hende Soldaten abgeschafft hätten, weil sie nothwen=
dig ein unbedingtes Vertrauen in den ewigen Frie=
densschluß setzen. — Nun könnte auch der dritte
Präliminararticel unterzeichnet werden, nämlich: daß
keine Staatsschulden, in Beziehung auf äußere Staats

händel gemacht werden sollen. Denn es wäre lächerlich, Millionen hinzulegen, um äußere Staatsvorfallenheiten damit lenken und leiten zu können, da ein solcher im ewigen Frieden ruhende Staat in keine fremden Staatsereignisse sich nicht mehr mengen dürfte. Um andere despotische Reiche hätte sich ein solcher republikanischer Freystaat auch nichts zu bekümmern, da sein Hauptverhältniß, das ist, worinn er mit dem, oder denen steht, die Theil haben am ewigen Frieden. Uebrigens fände ja auch die größte Zusammhaltung statt zwischen allen dem Kriege entsagten Staaten, die also im Fall der Noth alle für einen Mann stehen, alle gleichmäßige Hülfe liefern, um mit allgemeiner Kraft die Anfälle der Despoten zu vernichten und ihren Friedensverein kräftigst aufrecht zu erhalten. Alle Geldanhäufungen und Anleihen in Rücksicht auf Kriege wären also thöricht, da im Fall eines Angriffs so wie die Heeres- und Bundesmacht aus den Staatsbürgern aller verbundenen Republiken, also auch die Geldmacht gemeinschaftlich aus dem Vermögen aller Mitglieder zusammenflösse. — Nun kann erst der vierte Präliminarartikel abgelesen werden: kein Staat soll sich in die Verfassung und Regierung eines andern Staats einmischen. Warum gewaltthätig? Wird ein Staat von einem andern oder wenigstens von der größten Anzahl der Mitglieder desselben um Hülfe angerufen; so ist es eben deswegen keine gewaltthätige Einmischung mehr, sondern es verwandelt sich in eine nachbarliche Unterstützung, und diese ist und bleibt jedem Staate mit Hinsicht auf einen andern erlaubt. Ist aber dieß der Fall nicht, oder geschieht die Einmischung nur nur durch die Aufforderung eines unbeträchtlichen Theils der Nation; so ist sie natürlicher Weise gewaltthätig, weil der wichtigste und größte Theil der Staatsbürger, dem allein dieß Recht zustand, keine verlangte. Doch da jeder Staat als solcher fähig ist, alle Veränderungen mit sich eigenmächtig vorzunehmen, welche ihm belieben; da jeder im Stande ist, sich eine Verfassung zu geben, welche er will; da dieß einen andern Staat nicht das allermindeste angeht und der sich verändernde Staat auch keinen andern zum Beystand nöthig hat; so darf sich schlechterdings keiner in die Verfassung des andern einmischen. Ein Staat, der nicht Geschicklichkeit und Kräfte genug besäße, alle mögliche Veränderungen zur Verbesserung und Vervollkommung seiner Form mit sich vorzunehmen; der wäre eben darum kein Staat, der könnte gar keine dergleichen Maaßnehmungen ergreifen, der müßte vor allen Dingen erst dahin trachten, seine

Unform auszuziehen und ein Staat zuförderst werden. Es mag z. B. bey einer Revolution des benachbarten Staats in demselben vorgehen, was nur will, es mögen alle unerhörte Grausamkeiten, alle Arten von Ungerechtigkeiten, von Ausschweifungen, von Lastern u. s. w. öffentlich und heimlich darinn im Schwange gehen; so giebt dieß allen nahen und fernen Staaten eben so wenig ein Recht sich in die Verfassung dieses Staats einzumengen, als wenn die größte Ordnung und die leiseste moralische Stille in demselben herrschten. Geschähe dieß ungeachtet; so wäre es die allergrößte Verletzung des Völkerrechts und die niederträchtigste Beschimpfung für die Vernunft vieler Millionen. Folglich bewiese dadurch ein solcher Unstaat deutlich, daß er selber nicht frey von dergleichen Verbrechen, Ungerechtigkeiten, Mißhandlungen einzelner u. s. f. ist, die ihn veranlaßten, seine räuberischen Hände in die Angelegenheiten des sich anders organisirenden Staats zu schlagen. Hier sind nur zwey Fälle gedenkbar, entweder der in die Verfassung des andern widerrechtlich eingreifende Staat ist besser, oder schlechter als dieser eingerichtet und bestellt; entweder es geht in demselben nach den Regeln der Ordnung und der Vernunft zu, oder selbst, wie in jenem, nach den Anomalien der Unvernunft, der Unordnung und der despotischen Anarchie. Im ersten Fall hat dieser Staat von der Revolution im andern nicht das mindeste zu besorgen, es kann ihm das, was im benachbarten Lande vorgeht, sey es, was es wolle, nicht das kleinste Aergerniß geben; vielmehr müssen die Unordnungen jenes unglücklichen Staats allen Staatsbürgern des andern die dringendste Aufforderung seyn, fernerhin nach den Gesetzen ihres gutgeohneten und glücklichen Reichs sich pünctlichst überall zu richten. Ein guter Staat hat also nicht nur keine Nachtheile, sondern wirklich sehr bedeutende Vortheile von der gesetzlosen Revolution eines benachbarten, indem das warnende Beyspiel, die grausenden Unthaten, die Unsicherheit des Lebens und des Eigenthums, die darin obwaltet, einen tiefen und fast unaustilgbaren Eindruck auf die Gemüther der Glieder aller nahen und weiten Staaten hervorbringt. So wird mir meine Gesundheit erst recht fühlbar und theuer, wenn mein Nachbar durch eine schmerzhafte Krankheit zerrüttet und betäubt sich auf seinem elenden Lager herumwälzt; so werde ich von neuem mir doppelt angelegen seyn lassen, gut und ordentlich zu wirthschaften, wie bisher, wenn ich die Schande und die bleibenden Nachtheile erwäge, die ein Bankerott, eine liederliche Haushaltung dort einen Kaufmann auf den Hals schüttet. — Im zweyten Fall, aber, wenn es eben so, oder fast eben so in einem Staate einhergeht; wie in dem aufgelößten, ist es ganz recht, ja noch obendrein wünschenswerth, wenn die Revolution des einen auf den andern Staat so viel Einfluß äußert, daß eine ähnliche Reform in demselben ausbricht. Ein Reich der Unvernunft, der Sclaverey, der Verstandes- und Vernunfteinschläferung, der Unterdrückung, der priesterlichen Täuschung — soll doch zum scheußlichen Schandfleck des Erdbodens nicht immer fortdauern? Die elenden Mitglieder einer solchen Menschenheerde sollen doch nicht ewig auf einer solchen eckelhaften und schlechten Stelle hinschmachten? — Heil einem solchen Staate, der die Winke zu seiner Verbesserung oder gänzlichen Umschaffung versteht und benutzt, die ihm ein benachbarter Staat darbiethet! Seegen einem Menschen, der durch die Verbesserung seines Nachbars sich muthig zu einer ähnlichen Verbesserung entschließt! Glück einem Hauswesen, dem die bessere Einrichtung und klügere Bestellung eines andern Veranlassung wird, selbst weiser und vortheilhafter Haus zu halten! — Es giebt also schlechterdings gar keinen gegründeten Vorwand, warum ein Staat in die Verfassung und Regierung des andern sich einmischen könnte und dürfte; er muß vielmehr ruhig bleiben, um alle Vortheile recht genießen zu können, die aus Revolutionen für ihn erwachsen. Ist er gut; so wird er nur noch mehr befestigt und aufmerksam gemacht auf seine zweckmäßige, vernünftige Verfassung; ist er schlecht; so wird er vielleicht, wenigstens in einigen Stücken, verbessert werden. Hier ist kein Aergerniß zu nehmen — denn wer heißt mir das? warum soll ich so dumm seyn, und ein Aergerniß, das irgendwo gegeben wird, mir nehmen? Was gut ist, werde besser, und was schlecht ist, soll und muß gut werden; spricht der allmächtige Gott, spricht alle Vernunft, spricht die ganze Natur der Sache! Wehe, wehe, wehe dem Menschenteufel, der nicht gut werden läßt, was gut werden kann und soll! Wehe dem tyrannischen Tyger, der sich grausam in fremde Angelegenheiten mischt, um die gespannte Aufmerksamkeit mit Gewalt von den Gebrechen und Mängeln seines eigenen Innern abzureißen! Wehe dem Satan, der andere Nationen in ihren Staatsreformen stört, der sie aufhält in der Erreichung der Vortheile, worauf sie mühselig und mit Anstrengung aller Kräfte hinarbeiten! Wehe dem dreymal ausgebrennten Höllengeschöpf, das eine andere Nation beneidet, weil es dieselbe dem Weg zum Glück und Wohlstand betreten sieht! Wehe der wüthenden Hyäne in Menschenform, die durch kalte List und Ränke die Revolution eines Volkes wieder rückgängig machen will, ob gleich dieser verfluchten Schlangenseele bekannt ist, dieses Volk wird mächtiger und glücklicher durch diese Revolution werden!! — Flieg hin giftiger Pfeil und zerfleische das Satanenherz eines längst gefühllosen Bösewichts, der ganz Europa gleichsam wie ein schlaudummes Thier verspottet, der ganze Nationen durch seine heimlichen Katzenstreiche vor Narren hielt und sie wie seine Fußschemel behandelt! Pfui! über die werthlosen, gewinnsüchtigen Sclaven, die sich von einem dummen, einfältigen Sclaven mißhandeln und in seine verderblichen Schlingen ziehen lassen! — Wird dieser Bösewicht, dieser von aller Vernunft und Klugheit gänzlich verlassene Unglücksstifter, diese taumelnde Maschine seiner gelernten Bosheit, dieser innerlich mit Kalk ausgetünchte Gottesleugner, dieser lebendige Blutdolch, dieser wüthende Tollhund, dieser Drache, aus dessen Rachen lauter verzehrende Flammen sprühen, dieses scheußlichste aller unter- und überirdischen Ungeheuer, dessen bloßer Anblick schon vergiftet ist — wird dieses von aller Vernunft schon Millionenmal verdammte und von der Natur längst schon ausgespiene Mißgeschöpf nicht vor

den Augen von ganz Europa beſtraft, zermalmt, mit
Füſſen zertreten, oder in einem eiſernen Käfig von
hundert heißhungrigen Katzen zerwühlt und zerfleiſcht;
ſo ſey die Welt mit allem, was darinnen iſt, auf ewig
verdammt!! — — Es iſt ſchon äußerſt verdächtig
und bedenklich, wenn ein Staat nur im mindeſten
ſich's anmerken läßt, daß ihm ein anderer durch ſein
Beyſpiel und durch ſein Unternehmen ein ſchädliches
Aergerniß geben könne; wenigſtens verräth es allzu
deutlich, daß es nicht ſo ganz richtig und vernünftig,
als es wohl zu wünſchen wäre, in einem ſolchen
empfindlichen Staate — ſtehe. Wer ſeiner
Sache gewiß iſt, der findet nirgends für ſich ein
Skandalum; wer aber ſeiner Sache ungewiß iſt, der
thut wohl, wenn er ein Aergerniß nimmt, und ſich
dadurch gewiſſer machen läßt. — Man ſchlage doch
jeden aufs zweyzüngige Maul, der von der Rechtmäßigkeit und Nothwendigkeit der Einmiſchung in die
Verfaſſung, Regierung, oder Revolution irgend eines
Staates, wie eine ziſchende Otter, lispelt. Es iſt
und bleibt nach dem bisher geſagten ſchlechterdings
ſataniſch, unmenſchlich und thieriſch, ſich in
die Begebenheiten und Reformen eines andern Staates, welcher es auch ſey, was — und wie er es auch
mache, was auch für Unordnungen dabey ſichtbar wer-

den, einzubrängen. — Die gegenwärtigen, ganz verhunzten Zeitläufe sind Schuld, daß dieser vierte Präliminarartikel etwas ausführlicher, als die vorhergehenden erläutert worden. Die unglückliche, wie der rechtliche und ganz unverantwortliche Einmischung so vieler despotischen Staaten in Frankreichs Revolution beweißt zugleich Kanten und allen andern, daß dieser Artikel gleichfalls schon eine republikanische Verfassung voraussetzt und nur mit Beziehung auf dergleichen ausgesprochen werden kann. So lange es Despoten in der Welt giebt, so lange werden unmenschliche Eingreifungen dieser Art in die Angelegenheiten fremder Länder, zumal wenn sie sich aus den engen Fesseln des Despotismus herauswinden wollen, unvermeidlich erfolgen. Die von Kant aufgestellten Einleitungspuncte zum ewigen Frieden sind also schimärische Träumereyen, wenn sie nicht auf dem Boden republikanischer Staaten für andere publicirt werden; denn nur auf diese Weise haben sie Bedeutung und Verstand. — Wollte z. B. Deutschland sich eine den Schweizern, oder Nordamerikanern ähnliche Verfassung geben, d. h. wollte sich Deutschland in so viel Cantone, oder Provinzen eintheilen, als es itzt Kreise hat, wollte es eine repräsentative Regierungsform annehmen und in der Mitte ihres Landes einen heiligen Versammlungsplatz für die weisesten und brafsten Deutschen einweyhen, deren ein Theil einfache, natürliche Gesetze gäbe, und der andere sie vollzöge; so würden sich unabänderlich alle benachbarte Despotenreiche gewaltsam in Deutschlands Unform einmengen. Dieß läßt sich so gewiß voraussehen, als gewiß in zehn Jahren der Mond noch besteht. Dem ungeachtet ist ausgemacht, daß Deutschland nicht anders zu helfen ist, als wenn es eine republikanische Verfassung, eine allgemeine Repräsentation aufrichtet, zu der jeder Kreis eine mit den übrigen gleichmäßige Zahl seiner edelsten, besten und uneigennützigsten Männer hinsendet, die nur im Glück und Wohl der Deutschen Nation ihre einzige Zufriedenheit finden. Ich wüßte kein besseres, kein ruhigeres, kein verträglicheres Volk als die Deutschen, wenn sie sich einmal bis zu dieser Staatsverwaltung emporgerungen hätten. Ich möchte dann nirgends leben, als in Deutschland. Unüberwindlich wären dann die Deutschen, und niemand würde es wagen, sie zum Zorn zu reitzen, ich wenigstens getraute mir, mit hundert tausend republikanischen Deutschen die ganze Welt zu erobern. — Nun kann der 5te Präliminarartikel bekannt gemacht werden: es soll sich kein Staat im Kriege mit einem andern solche Feindseligkeiten erlauben, welche das wechselseitige Zutrauen im künftigen Frieden unmöglich machen müssen, z. B. keine Meuchelmörder und gedingte Giftmischer anstellen, keine Capitulation brechen, keine Verrätherey en und Unruhen anstiften in dem bekriegten Staate u. s. w. Dieß kann wieder nur von despotischen Staaten gelten, als welche theils mit der leichtesten Mühe von der Welt den ewigen Krieg fortführen, der seit der Ausgeburt des Despotismus dauert, theils auch ohne alles Bedenken im Kriege sich dergleichen ehrloser Stratageme bedienen, wenn sie ihnen nur den egoistischen Zweck erreichen helfen. Die Geschichte des itzigen alles verwirrenden und verunstaltenden Krieges, wie auch die Blutparthien aller Jahrhunderte zeigen es deutlich, daß Despoten die allerabscheulichsten und niedrigsten Mittel in Bewegung setzen, und ihre eingebildete Größe — denn wie könnte ein Despot reelle Größe besitzen? — oder ihre Herrschaft und Leidenschaften zu befriedigen. Ganze Staaten vernichten durch alle ersinnliche Machinationen und Vorstellungen, ganze Völker zu Sclaven machen und unter ein fremdes Joch beugen, ist der Despoten größte Lust und herrlichstes Vergnügen. Hier hilft also dieser vorläufige Punct zum ewigen Frieden nichts, aber wohl bey republikanischen Staatssystemen; da z. B.

zwey gleich eingerichtete Republiken unstreitig dergleichen Straßenräuberstreiche bey ihren Kriegen heftig verabscheuen und auf eine ehrlichere Art überall zu Werke gehen würden. Allein es ist nicht wahrscheinlich, daß zwey Republiken, die gleiches Interesse verbindet und zusammenkettet, einander bekriegen werden; und ist ein ewiger Friede zwischen ihnen bekräftigt; so wird es zur Gewißheit. — Was kümmern sich Despoten um das Vertrauen, das selbst mitten im Kriege auf die Denkungsart des Feindes noch übrig bleiben muß, um leichter und besser Frieden schließen zu können? Sie besiegen und überwältigen entweder den Feind, und da brauchen sie kein Vertrauen auf seine Denkungsart; denn der Ueberwundene wird als Sclave und Unterjochter behandelt, der alle Bedingungen willig oder unwillig annehmen und gutheißen muß, sie mögen bestehen, worinn sie wollen. Oder der angreifende Tyrann wird selbst untertreten und besiegt, und da liegt er zu Füssen, krümmt sich und schmiegt sich, schlägt Capitulationen und diplomatische Friedensunterhandlungen vor, läßt sich aus Ohnmacht den halb erbettelten und halb erschlichenen Frieden, oder Waffenstillstand gefallen, schwört Rache in seinem Herzen, und wenn er sich von seiner Entkräftung wieder aufgeraft hat, setzt er allein oder in Allianz mit mehrern den Krieg wieder fort, um seinen übermüthigen Feind — Si Dies placet — zu demüthigen. Kein Despot hat wohl jemals ein Vertrauen auf die Denkungsart anderer Despoten gesetzt, weder im Kriege, noch außer demselben, und denn ungeachtet sind viele tausende sogenannte Friedensschlüsse zwischen ihnen zu Stande gekommen, deren ewige Dauer allemal in 10 — 12 Jahren zu Ende nahete! Wahrhaftig eine komische Bedeutung des Worts „e w i g" in der Tyrannenwelt, oder Politik! Wie doch Despoten mit allem möglichen spielen, das andern Menschen ehrwürdig und heilig ist, ja das sie selbst als heilig und göttlich aufstellen lassen, und dessen Verachtung sie an andern hart bestrafen würden! — Es läßt sich also auch dieser Artikel, so wie alle andere, nur unter Voraussetzung republikanischer Regierungsarten verstehen und ausrufen. — Der 6te Präliminarartikel: es soll kein für sich bestehender Staat von einem andern Staate durch Erbung, Tausch, Kauf oder Schenkung, erwerben können. „Warum klein oder groß?" ist nicht der kleine Staat so gut Staat, als der große? Dieß ist gemeiniglich der höchste und letzte Act des Despotismus, für den auch dieser Artikel eigentlich gilt; daher ist er von uns zuletzt angegeben worden. Ein republikanischer staatsbürgerlicher Staat weiß ohnedem, daß er keinen andern erhenrathen, erhandeln, erwerben u. s. f. kann und darf, wohl aber sich mit einem andern Staate verbünden, um gemeinschaftliche Zwecke durchzusetzen, zumal gegen die schwarzen Verschwörungen der Despoten. Despoten sind vermöge ihres Systems im Stande, andere Staaten durch alle Mittel, durch gute und gewaltsame, durch schändliche und lächerliche u. s. f. an sich zu bringen, und mit ihren Ländern zusammenzuschmelzen; es mag mit Willen der freyen Bewohner jener Reiche geschehen, oder nicht, kurz sie müssen. — Und wer hat was einzuwenden gegen die Kanonenbeweise der Despoten? Wo giebt es eine Vernunft, die gegen den Willen eines Herrschers etwas einzuwenden hätte? Nicht räsonnirt, d. h. keine Vernunft, weg mit ihr! oder ich lasse mit gehackten Bley und Kartätschen — unter diese Rebellen feuern, um ihnen den Vernunftkitzel auf immer zu vertreiben! — Jene Vertilgung der Staaten durch Tausch, Vermächtnisse, Erbverbrüderungen u. s. w. rührt daher, weil die Despoten alles mögliche in der Welt, als Mittel zu ihren egoistischen Zwecken ansehen und gebrauchen, nicht blos ihre eigenen Unterthanen, sondern auch fremde Staaten, die ihnen keine freye Personen, die unabhängig von jedem andern Staate sind, sondern bloße Spielsachen scheinen, die man durch die nämlichen Mittel, wie andere Dinge, an sich bringen könne. — So wie der Besitzer einer Heerde Schaafe sie entweder verkaufen, oder verschenken, oder vertauschen, oder nach seinem Tode einen andern als ein Erbstück vermachen kann; eben so glauben Despoten mit Menschen, die ihnen freylich nichts bessers sind, als eine Art einträglicher und geschickter Thiere, umspringen zu können. Daher verhandelt, oder vererbt, oder verschenkt ein Despot dem andern entweder seine ganze Menschenheerde, die er mit eisernem Stecken treibt, oder nur einen Theil derselben; daher vermiethet und verdingt auch manchmal ein Despot einige tausend abgerichtete Thiere aus seinem Stalle und läßt sich ein gutes Miethgeld dafür bezahlen. Denn er kann doch seine Menschenthiere nicht umsonst von andern schlachten und abstechen lassen? Er kann doch seinen Ueberfluß an Menschenthieren nicht ohne Geld aus dem Lande schaffen? Es muß ihm doch etwas einbringen, daß er auf so und so viele Jahre einige tausend Kriegsmaschinen entbehrt? — O! Menschheit! Menschheit! wo bist du hingerathen? Ich weiß nicht, was du bist, ich weiß nicht, was ich bin, ich weiß gar nichts, sobald ich dich anschaue. Mir wird bange zu leben auf dieser Erde,

Ohnmacht und Zittern betäuben mich beym Anblick deines Zustandes und deiner Behandlung. Grausames Wesen du! das mich aus meinem süssen Nichts zog; gieb mir mein Nichts wieder; Im Nichts ruht sich's am besten! Hier allein ist Ruhe, hier weht mich kein Leidengefühl an, hier kommt keine Empfindung in meinen Busen; hier, im Nichts kann kein Gedanke, kein Laut, kein Schall — haften; hier ist reine Stille, hier ist die Tiefe aller Finsternisse, wohin nichts, nichts durchdringt! — Laß mich in mein Nichts zurück, kaltes Götterwesen, oder ich zwinge dich zur ersten Reue und Bekümmerniß über mein Daseyn! —

Wenn republicanische Staaten vorausgesetzt werden, so fällt dieser Artikel von selbst weg, Denn wie sollte ein solcher Staat zu einem andern durch Erbung Tausch u. s. f. kommen? Wo wäre denn jemand, der einen staatsbürgerlichen Staat vererben könnte, und wo wäre jemand, der sich in Besitz dieser Erbschaft u. s. w. setzte? — Dieß kann sich blos unter Herren und Besitzern von Ländern und allem was sie enthalten, zutragen, unter Republiken nicht; es müßte denn jeder Bürger sich selbst nebst seinem Eigenthum verschenken, vertauschen u. s. f.! — Kant muß also bey Aufstellung seiner 6 Präliminarartikel

F

republikanische Staatssysteme in Gedanken gehabt haben; sonst konnte er sie gar nicht entwerffen, wenigstens nicht so, wie sie hier stehen. Da es nun überall in Europa noch keine wahren Republiken giebt — Frankreich ausgenommen, das sich eben erst dazu erheben will — ; so müssen sich erst die Monarchischen Reiche durch Reformen und Revolutionen in wahre, ächte Republiken umbilden, wenn jene einleitenden Bedingungen zum ewigen Frieden ihr Feld finden sollen. Die ungeheure Zahl glänzender Ideen und Schimären wird doch Kant durch diese philosophische Abhandlung nicht verwehren wollen? Dieß wäre seiner unwürdig. Er muß also wünschen und hoffen, daß mit der Zeit alle Reformen zerschmelzen und sich vernünftigere Gesellschaften an deren Stelle ausbilden werden, die durch Publizirung jener Artikel sich allmählig einem ewigen Frieden annähern. Ist dies der Fall nicht, oder geschieht es niemals, wie es fast das Ansehen hat: so hat Kant eigentlich gar nichts gesagt; und sieht er nur allein im Geist Europa schon mit freundschaftlichen Friedensrepubliken angefüllt; so hat er sich selbst auch nur etwas gesagt. Doch der gegenwärtige Durchbruch der Menschheit verkündet viel für die Zukunft, und macht es wahrscheinlich, daß mehrere Völker auf den allgemeinen Entschluß verfallen, ſich die erſte Staatsverfaſſung in ihrem ganzen Daſeyn zu ertheilen. Denn wer die itzigen Menſchenbehälter, Staaten, oder Staatsverfaſſungen u. ſ. f. nennen wollte, oder ſie im Ernſt dafür ausgäbe, der wäre entweder ein ausgemachter Menſchenfeind, der vogelfrey iſt, oder ſo dumm, daß er ſchlechterdings nicht unter die Zahl der Menſchen gerechnet werden könnte. Das ſind keine Staaten, das ſind Menſchenheerden, in gewiſſe Reviere, Ställe und Plätze abgetheilt, wo hier ſolche — und dort andere Sorten ſtecken — wo hier gemeine — dort beſſere — hier edle — dort die zum Spielen und Erluſtigen abgerichtete — hier angehängte — dort zum Wachen beſtimmte u. ſ. f. ſich herumbewegen. Geh, Elender! nach Nordamerika und in einigen Jahren nach Frankreich, und hole dir wenigſtens ein Bild, einen Begriff von einem Menſchenſtaat, von einer verbundenen Bürgergeſellſchaft! — Immer bleibt es Pflicht für jeden Menſchen, er ſey Philoſoph, oder Handwerksmann, ſich nicht mit leeren, geträumten Ideen herumzuſchlagen, als welches die allerelendeſte Beſchäftigung im ganzen Leben iſt; man muß überall auf die Wirklichkeit und auf die Realiſirung deſſen, was wir denken und ſagen, Rückſicht nehmen; man muß

F 2

nichts denken, wozu wir nichts jenem Vorgestellten — entsprechendes aufweisen können. Widrigenfalls dreschen wir wie Thoren beständig leeres Stroh; widrigenfalls schwärmen wir immer als Narren auf den Fittigen unserer Phantasie herum, wissen viel von dem, was jenseits der Gegenwart liegt, während uns der itzt herrschende Zeitgeist verspottet. Ueberall müssen wir von Erfahrungen, es mögen gegenwärtige, oder schon längst gemachte seyn; auf allen unsern Untersuchungen und Speculationen müssen wir schlechterdings, wie Theseus ins Labyrinth auf Creta, den Faden der Erfahrung mitnehmen, wenn wir uns nicht erinnern, wenn wir nicht unsere Schimären, wie Lufterscheinungen immer über unsern Köpfen wollen schweben sehen, ohne daß wir sie auf den Boden der Erde herabziehen könnten! — Wer nichts für die Menschen sagt, und zwar, wie sie gegenwärtig sind, der sagt gar nichts; wer etwas gedacht hat, was nimmermehr der gegenwärtigen Menschheit angepaßt ist, der hat, er mag es gestehen, oder nicht, ein — für allemal geträumt. Wer weiter nichts thut, als sagen und schreiben und der Menschheit damit nichts nützt; der hat nicht den mindesten Vortheil gestiftet, und wenn er 30 speculative Systeme in die reine Luft gebaut hätte. Wer sich nicht seiner Zeitgenossen, mit denen er lebt, annimmt, nichts für sie wagt, der thut weniger als eine Distel auf dem Felde, und wenn er alle vorige Menschengenerationen in den seligen Himmel hineinhübe, und alle nachfolgenden in die Elisäischen Gefilde versetzte. Abgerechnet daß er einem Blödsinnigen gleiche, der sich um die Wilden in Amerika mehr bekümmerte, als um seine nächsten Landsleute; oder einem Einfältigen, der seinen Bruder, den er nicht siehet, mehr liebt, als den, welchen er sieht. Wer nichts für die Gegenwart thut, der thut weder was für die Vergangenheit, noch was für die Zukunft; denn nur der, welcher in den Itztzeit nützlich beschäftigt ist, kann etwas für die Folgezeit wirken. Wer sich bis in die Grenzen des menschlichen Wissens geschwungen, wer sich weiter aufgeklärt hat, als die meisten seiner Mitmenschen, wer da fortfahren wollte, wo er jedesmal stehen geblieben wäre, indem er wähnte, andere seyen auch so weit; der wäre fast verrückt und tolldumm. Der gleiche einem Postillon, der seinen blinden Passagier im Stiche ließ, ob er gleich immer sich einbildete, er säße ruhig hinten auf dem Postwagen. Wer behauptet, einige Menschenklassen brauchten weniger zu wissen, als andere, der weiß schlechterdings nicht, was der Mensch, als solcher,

wissen muß und wissen kann, und wenn er so viel
Aufsehen machte in der gelehrten Welt, als Robes;
pierre in der Politischen. Wer vorgiebt, manche
Menschen hätten nicht nöthig, sich so weit aufzuklä;
ren, als andere; der ist ein elender Wicht, der erst
lernen muß, was wahre Aufklärung genennt wird,
oder genennt zu werden verdient. Wer Dinge sagt
oder schreibt, die nicht jeder versteht, der Gebrauch
von seiner Vernunft und von seinem Verstande zu
machen gelernt hat, der muß nicht gehört, nicht ge;
lesen werden, und wenn er alle menschliche Geheim;
nisse, nach Aussage anderer enträthielte. Wer etwas
für die Menschen weiß, der sage es m e n s c h l i c h
und a l l g e m e i n v e r st ä n d l i c h, oder er behalte
sein Zeug für sich und krame es nicht aus. Denn was
hilft es? Neugierige und lüsterne Menschen werden
darüber zu Narren, indem sie es gerne haben möch;
ten, und doch nicht wissen, wie sie dazu gelangen
sollen!! Wer m e n s c h l i c h e Kenntnisse besitzt, der
muß sie auch den Menschen ohne Mühe beybringen
können; sonst besitzt er wohl Phantasiegewebe für
sich selbst; aber keine Einsichten für andere! Wer
sich Mühe giebt, einen Mann zu verstehen, der nicht
verständlich spricht und schreibt, der ist ein dreydop;
pelter Thor und lächerlicher Zeitverschwender; da

alles Leben zum menschlichen Handeln und frohen Genuß bestimmt ist. — Wer Theorie und Praxis trennt, und behauptet? was in jener gilt, gilt nicht in dieser, der weiß nicht, was Theorie und Praxis ist, und wenn er es besser wissen wollte, als alle Menschen vor ihm, neben ihm und nach ihm!! — Doch genug, zur andern Zeit mehr über diese bedeutenden Winke, die wohl eine kleine Beherzigung verdienen. — —

Kant, der mir nicht natürlich genug bey der Vorstellung seiner Idee zum ewigen Frieden zu Werke gegangen zu seyn scheint, schreibt seine Präliminarartikel Despotischen Staaten (worunter ich alle die verstehe, die nicht republikanisch sind —) oder Despoten zur Analisirung vor, indem diese lächerlich genug, überall den Staat ausmachen. Despotische Reiche sollen sich nämlich durch allmählige Reformen zu repräsentativen Bürgergesellschaften, wozu die Befolgung jener Artikel allerdings viel beytragen würde, erheben. Despoten sollen keinen andern für sich bestehenden Staat, sey es, auf welche Art es immer wolle, an sich bringen, indem ein Staat, so wie eine freye, moralische Person gar nicht erworben werden kann, sondern in alle Ewigkeit für sich unabhängig existiren muß. Despoten sollen ihre stehenden Kriegsheere mit der Zeit ganz abschaffen. Despoten sollen keine Staatsschulden in Beziehung auf äussere Staatshändel machen. Despoten sollen sich nicht in die Verfassung und Regierung eines andern Staats gewaltthätig einmischen. Despotische Staaten sollen im Kriege mit einem andern sich keine solche Feindseligkeiten erlauben, welche das wechselseitige Zutrauen im künftigen Frieden unmöglich machen müssen. Nur erst, wenn dieß alles in verschiedenen Kriegen schon beobachtet und gehalten worden, wenn die Wichtigkeit und Nothwendigkeit dieser Puncte den Despoten einleuchtet, und erst, wenn despotische Staaten sich so weit verbessert und vermildert haben, daß jeder dieser Artikel für ein heiliges Völkergesetz gilt — denn erst kann es heissen: kein Friedensschluß soll für einen solchen gelten, der mit dem geheimen Vorbehalt des Rechts zu einem künftigen Kriege gemacht worden. Den ersten Präliminarartikel hätte Kant gerade zum letzten machen sollen, weil alle folgende Artikel völlig überflüssig und schon im ersten enthalten sind, wenn dieser realisirt ist. Was helfen die 5 letzten Puncte, wenn der erstere schon angenommen und ein wirklicher Friedensschluß, oder das Ende aller Feindseligkeiten sanctionirt ist? Dann versteht es sich ohnedem, daß so etwas nicht mehr vorkommen dürfe, worauf die 5 letzten Artikel antragen; ja dann ist schon die Sphäre angenommen, worauf gemeiniglich wider diese Puncte gesündigt wird, nämlich der bluthrothe Kriegsschauplatz. — Allein wenn diese letzten Bedingungen des ersten Artikels vorausgehen, wie sie es müssen, eben weil sie erst jenen 6ten Präliminarvorschlag (nach unserer Aufzählung) bedungen; wenn erst einer nach dem andern entweder in Gedanken, oder in der Wirklichkeit als in Erfüllung gebracht angenommen wird; so kann erst jener Artikel, der den ewigen Frieden wirklich enthält, als ein zu realisirender, oder auch nur zu idealisirender, nachfolgen. Denn wir können doch unsere Ideen nicht hinwerfsen, wie wir wollen, sondern wir müssen doch auf die Natur der Sache, die wir dabey im Gedanken haben, stete Hinsicht nehmen! Es muß sich doch jede Idee in unserm Kopfe wenigstens, wo sie ausgebrütet wird, realisiren lassen, und so müssen wir sie denn auch so hinschreiben, oder hinmahlen, wie sie in einer natürlichen Aufeinanderfolge realisirt werden könnte! Die wirkliche Erfahrungswelt muß schlechterdings der Ideenwelt eines jeden, er sey, wer er wolle, die Gesetze und Regeln vorschreiben, wornach er allein in seiner Ideensphäre verfahren darf. Sonst

entstehen ja lauter Schimären und leere Spinnenge:
webe, die immer dergleichen bleiben, und wenn man
sie vier Wochen lang von allen Seiten beschaut, und
wenn sie der größte Denker — der allgemeinen Sage
nach — aus seinem Gehirn gesponnen hätte. Keine
andern Gesetze, als die der Wirklichen Welt haben
wir nun einmal nicht, und wer diese nicht kennt,
oder beobachtet, der geräth auf verwirrte Dinge, die
andern so unverständlich sind, als dem Apostel Pau:
lus die Vorträge im dritten Himmel! Daher ist der:
jenige der nützlichste Denker, der das meiste erfah:
ren hat und mit der Wirklichen Welt in seinem und
andern Zeitaltern am besten vertraut ist. Daher ist
der am glücklichsten und größten, der die Gesetze der
Menschheit kennt, der den erhabenen Mechanismus
der Natur am schärfsten beobachtet! — Ein Viel:
denker ist noch kein großer, kein nützlicher Denker,
so wie ein Vielwisser noch kein wahrer Gelehrter
ist. Es kommt nichts darauf an, in welchen hohen
aetherischen Regionen, wohin er sich mit sei:
ner Phantasie geschwungen hat, jemand denkt, oder
phantasirt, sondern alles kömmt darauf an, was
und wie einer denkt. Nicht wie neu, nicht wie
kühn, nicht wie auffallend und ungewöhn:
lich einer denkt, sondern wie gut, wie faßlich,

wie natürlich jemand denkt, muß man sehen; so wie es abgeschmackt wäre, jemanden zu beurtheilen nach der Menge, und nicht nach der Güte der Schriften, die er geschrieben hat; obgleich nichts häufiger geschieht, als letzteres. Nicht der schwerfälligste, nicht der dunkelste, nicht der unverständlichste Denker ist der größte und berühmteste, sondern der natürlichste, der einfachste, der deutlichste. Wer jenem den Vorzug vor diesem einräumen wollte, der wüßte eben darum nicht, was ein Denker wäre, und hätte folglich kein Recht hier zu entscheiden. Socrates, Christus, Solon, Lykurg, Confugius u. a. m. waren große, nützliche, reelle Denker; aber Plato, Neuton, Spinoza, Kant, Fichte u. a. sind weniger große, weniger nützliche, ideale Denker, oder Phantasiehelden; diese staunt man höchstens an, während man jene hochachtet und anbethet! alles für praktische Vernunftcultur! alles für die Menschheit, in der und durch die jeder ist! — Auch diese Winke mögen zu weiterm Nachdenken Anlaß geben. —

Ueberhaupt scheint mir Kant einen unrichtigen Weg eingeschlagen zu haben bey seiner Schrift zum ewigen Frieden und bey den darinn aufgestellten 6

Präliminarartikeln; er will die Despotischen Staaten, oder welches eben so viel ist, die Despoten selbst reformiren und sie etwa zu dem machen, was Friedrich, der wahre Regent, war. Auf diesem Wege kommt man eben nicht fort; wer reformiren und aufklären will, der muß nicht von oben herunter, nicht an den hartnäckigern Thronbesitzern beginnen, sondern von unten; von den Bauern und Bürgern herauf. Die itzt sogenannten untern Volksklassen müssen cultivirt und fortgebildet, auf diese muß alle Aufmerksamkeit und Sorgfalt verwendet werden; von hier aus muß das Licht der Vernunft leuchten, wenn es dauren und nicht wieder verdunkelt werden soll. Wer den sogenannten Adel und die Fürsten reformiren wollte, der würde die vergeblichste Arbeit von der Welt thun und einem Knaben gleichen, der mit einem Löffel das Wasser eines Flusses ausschöpfen wollte. Hier ist alles verkettet und verrammelt, hier findet kein Aufklärer Gehör, und wenn Christus und Socrates von den Todten wieder erstanden wären und an den Höfen herumwandelten; schon am ersten Hofe würden sie Johannes des Täufers Schicksal erleiden. Hier gelten nur leere Höflinge, eitle Windsmenschen, hirnlose Schwätzer, zwitschernde Schmeichler, werthlose Fußlecker, kalte Phlegmatiker, saugende Blut-

tgel, luftige Projectmacher um den Unterthanen mit der
besten Manier den Schhweiß auszupressen, verstockte
Bösewichter, die ihre Fürsten betrügen und von nichts
als Volksglückseligkeit schwatzen, während alle Unterthanen unter ihrem viehischen Druck schmachten und
seufzen. — Und wenn Despoten die dunkle Nachtzeit
verflossener Jahrhunderte wieder rückgängig machen,
und sie mit eisernen Ketten und ehernen Brettern
um ihre Länder herumschlingen könnten; so wäre dieß
ihr höchstes Vergnügen und ihr einziger Jubeltriumph!
Nacht soll es seyn, Finsterniß soll das Erdreich be-
decken, und Dunkel die Wälder, Dummheit soll herrschen, und täuschende Priesterreligion alles mit Zaum
und Gebiß belegen — dieß wollen Despoten, dieß ist
ihre beste Zeit! Je finsterer, desto vortheilhafter! je
mehr blinder Glaube an betrügerische gottlose Priester, desto erwünschter! je mehr Dummheit und aber-
gläubische Unbehülflichkeit, desto zuträglicher! —
"Herr! beschütze deinen alten, reinen, alleinseeligma-
„chenden Glauben, der alle Vernunft unter seinem
„Gehorsam gefangen nimmt, der die Menschen auf
„dich allein hinreißt und sie blind und dumm und
„verschlossen an Leib und an der Seele macht!! —
„Herr des Himmels und der Erden, warum hast du
„dich unterstanden, deinen Sohn, Jesum Christum,

„uns Erdengöttern zum Schaden und Trotz, auf die
„Erde zu senden, der die Menschen zum Gebrauch
„ihrer Vernunft dringend aufgefordert, der sie mäch-
„tig an ihre Würde und hohen Werth erinnert hat;
„so daß wir seitdem immer in Furcht und Angst ste-
„hen, die Menschen möchten endlich deinen Sohn
„verstehen lernen und sich ihre Würde nebst ihren
„Rechten wieder anmaßen, welches uns bisher noch
„zu verhindern gelang! Hast du uns nicht verheissen,
„daß, so lange wie unser Wesen auf dem Erdboden
„treiben, alle Vernunft eingekerkert und im Gehirn
„der Leute vernagelt seyn soll, damit kein Nachtheil
„für uns und unsere Herrschaft daraus erwachsen
„möge?! Hast du uns nicht zugesagt, uns gnädig-
„lich und natürlich zu behüten vor allem Vernunftge-
„schmeiß, vor allen Wahrheitsgesindel, vor allen
„Aufklärerrotten, die das Volk verderben, welches
„du in unsere Quaal gegeben hast und worauf wir
„mit eisernen Füssen stehen?! Kannst du es anse-
„hen, daß unheilige Philosophen und hetzende, irre-
„ligiöse Illuminoten uns in unserer süssen Ruhe stöh-
„ren, unsere Glückseligkeit durch ihre Gottlosigkeiten
„unterbrechen, die Gemüther aller treuen Untertha-
„nen von uns abwendig machen; um uns von unsern
„Thronen, worauf du uns nach deiner unaussprechli-

„chen Huld und Gnade gesetzt hast, zu verdrän-
„gen?! — Warum willst du auf einmal das herrliche
„Dunkel, das alle deine Creaturen und Geschöpfe
„so lieblich beschattet und erquickt, unsern Ländern
„entziehen? warum willst du uns schwache Wesen,
„das Werk deiner Hände, auf einmal blenden durch
„den Glanz deiner Sonne (der Vernunft) und des
„Mondes, (des Verstandes), die zuviel Schein um
„unsere Thronen herumgießen, so daß fast jedes Thier
„sieht, was wir auf denselben vornehmen?! Herr!
„sey uns armen Sündern gnädig und barmherzig,
„laß den Vorhang nicht von uns genommen werden,
„hinter welchen wir bisher zu deiner Ehre und zu
„deinem Ruhm so glücklich lebten; gestatte ja nicht,
„treuer Vater, daß die Herrschaft, die du uns einmal
„nach deiner grundlosen Barmherzigkeit anvertraut
„hast, von uns genommen werde. Laß ferner und
„bis ans Ende der Tage Glückseligkeit, Ruhe, Ord-
„nung, frohen Lebensgenuß u.s.w. durch uns, deine
„demüthigen Knechte, über die ganze Welt verbreitet
„werden; laß alle Nationen sanft schlummern und
„unter dem Schirm deines göttlichen Worts ruhen,
„und erwecke sie dann am jüngsten Tage zum neuen
„Leben! Herr! gedenke aber auch in jener Welt an
„uns, und laß uns wieder unter deiner Obhut über

„die Nationen regieren, die wir hier auf Erden so
„glücklich gemacht haben." Amen! — — So muß
man oft mit den Fürsten bethen, wenn man sich bey
ihnen beliebt machen, wenn man von ihnen Geschenke
erhalten will, wie dieß gewisse ekelhafte, gereckte
Gruppen von Menschen in Deutschland, die sich in
die Zeit zu schicken wissen, wohl einsehen. Schade
nur, daß dieß keine Menschen thun, die man sonst
nachahmen könnte, sondern Affengeschöpfe, die durch
den Anblick von Menschen selbst in Menschen meta=
morphasirt zu seyn wähnten! Doch diesen armen,
schelmischen Creaturen verzeiht man es wohl, weiln
sie sich zu Menschen träumen; aber wenn sich Men=
schendinge (der äußern Form nach) in Affen verwan=
deln; so ist dieß niedriger als affisch. Der Affe will
doch Mensch seyn, aber dergleichen geformte Men=
schen wollen gar unterwärts sinken und menschheits=
leere Affenkrüppel seyn! Werft sie mit Steinen, wie
ihre Cameraden in Afrika; schaft sie aus Deutsch=
land; damit sie die Menschen nicht verpesten. — —
Sowie der Mohr niemals weiß wird; so wird der
Despot niemals wahrer Mensch und Bürger; hier
muß man gar keine Mühe verschwenden, und gar
keine Verbesserungen und Aenderungen zum Glück
und Wohl der Menschen vorschlagen, eben weil alles

fruchtlos ist. Wenn man in die Sphäre des Adels und des Despotismus eintritt; so glaubt man ins schwarze Gebiet der eisernen Nothwendigkeit und des unabänderlichen Schicksals, gerathen zu seyn; denn hier ist alles festgemacht, hier ist alles in ewige Formen gepreßt, hier ist alles felsenfest eingerichtet. Hier kreischt ein ewiger Mechanismus mit schweren Rädern, der durch gar keine gewöhnlichen Mittel und Kräfte aufgehalten werden kann; und von dessen Geknister, wie bey einer Mühle, gar keine Menschenstimme hörbar ist; bis Sturm daherrasselt, bis schmetternder Donner kracht, bis Wuth und Tollgeschrey überall fürchterlich verhallt, bis Verzweiflungsschläge tauschen — und das leyernde Machwerk ins Stoken und zum Stillstehen bringen. — — Von unten herauf muß die Aufklärung empor sich drängen; in der ungebildeten Menschheit muß unabläßig Vernunfträder und Menschengefühl ausgeschüttet werden; hier, hier muß jeder arbeiten, der Kräfte besitzt und zum Wohl der Menschheit etwas beyzutragen Lust hat. In der sogenannten untern Menschheit muß Aufmerksamkeit auf die Menschenrechte, auf die Würde, auf die Zwecke des Menschen, auf die Pflichten aller gegen einen, und eines gegen alle gewagt werden; hier muß man säen, haken, ausjäten, entwurzeln, begießen, propfen

G

u. ſ. w.; hier muß man cultiviren, wenn die Menſch‑
heit wirklich cultivirt werden ſoll. — Diejenigen
Menſchenclaſſen, welche mit ihren kräftigen Armen
alles tragen, erhalten, ernähern, müſſen wiſſen, wer
und was ſie ſind und wer und was andere, die ſich ihre
Obern — nennen, ſind und ſeyn ſollen. — Alle
Gelehrte in der Welt ſind recht eigentlich dazu da, um
der ungebildeten Menſchheit fortzuhelfen, um ſie im‑
mer feſter in ihren Lebensmaximen, um ſie immer
ſelbſtſtändiger und einſichtsvoller bey ihrem Thun und
Laſſen zu machen. Allein die meiſten Gelehrten ver‑
fehlen und verkennen ſchimpflich ihre wahre, edle Be‑
ſtimmung; ſtatt daß ſie für andere, und namentlich
für die andern, flügellahmen Volksclaſſen ſich beſchäf‑
tigen ſollten, haben ſie mit einander ſelber alle Hän‑
devoll zu thun und zu ſtreiten, ſo daß ſie freylich an
die hülfsbedürftige Menſchheit zu denken nicht viele
Muße übrig behalten. Statt daß ſie ſollten Vormün‑
der, Erzieher, Wegweiſer, Vertheidiger der unerzo‑
genen mithandelten Menſchen ſeyn, ſind ſie ſich nur
gegenſeitig Vormünder, Vertheidiger u. ſ. w. haben
ſie unaufhörlich in ihren Schulen zu ſtreiten und zu

fechten; müssen sie gesponnene Gedankenſyſteme in die Luft hineinbauen und andere zertrümmern, damit man das ihrige allein gewahr wird. — Wer an den obern, den herrſchenden Ständen ſein Aufklärungsgeſchäfte verſuchen wollte, der wäre einem Manne ähnlich, der bey einer Verdämmung des Stroms durch eine Reihe Eispfähle beſtändig oben hineinhackte und immer beym Ende des Eisſchutzes herumrüttelte, um ihn los zu machen und fortzubringen. Nein! er helfe den untern Eisſtücken fort; er mache unten Luft; ſo ſtürzt das obere Eis von ſelbſt nach und der Strom wird von ſeiner drückenden Laſt befreyt. — Die obern Claſſen, der Adel und die Fürſten, ob ſie gleich alle weitere Aufklärung und Vernunftcultur und Verbeſſerung des menſchlichen Zuſtandes aufs ſtärkſte verabſcheuen und zu hintertreiben ſuchen, müſſen gezwungen und fortgeſtoſſen werden durch den heftigen Andrang der untern Claſſen, ſie müſſen aufgeklärter und beſſer werden, ſie mögen wollen oder nicht. Wenn es nur erſt in den untern Stockwerken der deſpotiſchen Staatsgebäude heller wird, wenn es nur da erſt vernünftiger, freyer, gerechter und vorurtheilsloſer

G 2

zugeht; so werden sich wohl die Herren in den obern Zimmern von selbst nach den untern bequemen müssen, wenn sie nicht zu kurz kommen und nicht alle Eingänge zu ihnen versperrt haben wollen. Denn die in den obern Etagen hängen ganz von den untern Bewohnern ab, aber diese nicht von jenen; die obern Hausleute müßten Hungers sterben, wenn von unten hinauf ihnen nichts zugeschaft würde! Das heißt ganz kurz soviel: die Fürsten könnten nicht Fürsten seyn, wenn es keine Bürger und Bauern gäbe; die Fürsten könnten nicht leben, wenigstens nicht fürstlich, oder müßten mit den Händen arbeiten, wie andere Leute, um ihr Brod zu verdienen, wenn die untern Stände keine Steuern und Abgaben entrichteten. Ein Fürst kriegt kein Land und kein Volk wieder, wenn er durch schreyende Ungerechtigkeiten sich desselben verlustig gemacht hat; aber Bürger und Bauern bekommen tausend Fürsten wieder statt einen, wenn sie denselben fortgeschickt und abgedankt haben. Die Fürsten sind in jeder Rücksicht von den Nationen abhängig und ohne sie leere Schattenbilder, sie sind Diener und Untergeordnete derselben, die den allgemeinen Völkerwill len schlechterdings als gehorsame Untergebene heilig zu respectiren verbunden sind. Wenn z. B. der größte Theil eines Volks begierig nach fester Aufklärung hinstrebt; so darf sich kein Fürst satanisch unterstehen und diesem allgemeinen Streben auf irgend eine Weise entgegen arbeiten. Im Gegentheil wäre er nicht Diener derselben Nation, sondern ein Satan, ein Ungeheuer, das sie anfällt und mißhandelt; ein jeder Fürst, sobald er dem Gesammtwillen einer Nation sich entgegenstemmt, hat seinen Posten verwirkt und ist sogleich als strafbarer Verbrecher anzusehen und zu behandeln. Wenn alles nach Aufklärung, nach Wahrheit, nach Gerechtigkeit, nach Vernunft schreyt; so müssen die Fürsten ehrerbietig zuhören und Anstalten treffen, um diesen sehnlichen, edlen Wunsch der Völker möglichst zu befriedigen; so müssen die Fürsten sich, als wahre Volksvormünder, in der Seele freuen, daß ihre Kinder aufgeklärter, besser und männlicher werden wollen.— Doch das sind leere Träumereyen; man muß nicht sagen, was die Fürsten, als solche, für ihre Völker thun sollten, sondern man muß unaufhörlich davon sprechen und es immer wiederholen, was die Fürsten wirk lich thun und beginnen. Denn in jenem Fall hielte man die gutmüthigen Leute mit dem Gedanken hin; sie könnten wohl mit der Zeit sich noch bekehren und ihre Pflichten, die sie itzt so kühn und unverantwortlich verabsäumen, erfüllen. Und so was muß man nicht thun; man muß lieber alle mögliche Hofnungen vertilgen und aus dem Innern der Sterblichen herausgraben, als ihnen eine einzige einflößen. Nichts ist schädlicher und verderbender als, Hoffung, so wie nichts dümmer und einfältiger ist, als wenn eine Nation ihre Kräfte, ihre Rechte, ihr Eigenthum Einem einzigen Menschen, der ein eben so gebrechlicher Adamssohn, wie alle, ist, willkührlich anvertraut! — Menschheit! Menschheit in Ketten und Banden geschlagen! werde aufgeklärter, wenn du kannst! werde besser, wenn du kannst! reiß dich endlich einmal loß von deinen Vorurtheilen und Priestern, wenn du darfst! wirf dich deinen Göttinnen, der Natur und der Vernunft in die Arme, wenn du es vermagst! — Da liegst du kraftlos, gefesselt, geblendet, unwissend kannst dich nicht regen und wenden, bist umrungen von den Schanzen der Despoten und Priester, und mußt geduldig zusehen und gelassen ausstehen, was man mit dir vornimmt! Siehst du, so gehts, wenn man unvorsichtig handelt, wenn man sich auf andere verläßt, und selbst nichts für sich thun will; es ist deiner Dummheit Schuld, daß du so geschlagen wirst, und deines Ungehorsams, (gegen die Vernunft) daß du so gestäupet wirst! Ringet, ringet ihr Nationen nach Kraft, hebt euch aus euerm verderbenden Seelenschlummer, werdet geistiger und besser, sucht Menschen zu werden, reißt die blinden Augen auf, und schaut alles wohl an und mit den männlichen Augen, so wie ihr z. B. euere Geräthschaften, euere Kleider, oder eueren Ofen in den Zimmern anschaut —; so müssen euere Fürsten gewiß auch besser und menschlicher sich gegen euch benehmen. Seyd wenigstens keine Mörder gegen eure Selbstwürde, und haltet Niemanden, wie er auch heiße, und was für bunte Federn und Sternknöpfe an der Brust er auch trage — für nichts mehr, als ihr selbst seyd, nämlich für einen Menschen! Der ist ein Unmensch, eine hohle Menschenmaschine, der irgend jemand für mehr als für einen Menschen, als für seines Gleichen hält! Der ist ein Teufel, der irgend einem Menschen in der Welt schmeichelt! Wurmgeschöpf, Schmeichler, bück' dich und kriech' auf allen Vieren, damit man sich nicht selbst brandmarkt, wenn man dich, indem du aufrecht giengst, unwissend für einen Menschen hielte! — Bey der Auferstehung einer Nation, die unausbleiblich bey jeder, eher oder später, erfolgt, wie z. B. ißt bey den Franken, die vor einigen Jahren auferstanden sind aus ihrem Grabe und bald ihr Wiedererwachungsfest in heiliger Stille feyern werden — sollte man doch auch Rücksicht auf die leckenden Schmeichler nehmen, und sie nicht ganz leer ausgehen lassen. Man sollte ihnen nämlich ihr eigentliches, ihr selbstgewähltes Element anweisen, und sie, wie Jehova einst die Schlange wegen eines ähnlichen Verbrechen, zum Kriechen und Staublecken verdammen. Dieß wäre so thunlich: wenn man jedem Schmeichler einen Hundskopf in die platte Stirne recht sichtbarlich einbrennte; begegnete dann jemanden ein solches Geschöpf und es kröche nicht auf allen Vieren der neuen Einrichtung der Dinge gemäß; so müßte jeder das Recht haben, es niederzudrücken und zum Kriechen zu nöthigen; kröche es aber vor uns vorbey; nun so müßten wir ohnedem, daß es ein Schmeichel- und Leckthier mit einem eingebrannten Hundskopf auf der Stirne sey! Man muß einmal anfangen, jeden Frevler durch sich selbst und mit sich selbst oder mit eigner Hand zu strafen! Dieß ist die Hauptsache — doch ehestens ein mehreres über diesen Vorschlag zur würdigen und geziemenden Behandlung aller Schmeichler in Deutschland —; wir werden doch über diese, weniger als Feldstoppeln geachtete Insecten Herr werden! Die vielen Patrioten Deutschlands werden sich doch nicht länger von diesen vielfarbigen Raupen beschweren lassen, sie werden sich dieses Ungeziefer, das die Menschheit vergiftet, doch vom Halse schaffen! Sagt nicht, daß ihr Menschen, geschweige denn Patrioten, seyd, wenn ihr von werthlosen Raupen euch quälen laßt, und sie nicht entweder zertretet, oder in unterirdische Gruben einschüttet! — Wieder ein Pfeil im Vorbeygehen gemacht; ob er gleich noch nicht spitzig und zackigt genug ist, künftig, wenn wir blos und lediglich aufs Pfeilmachen ausgehen, wollen wir erst rechte hackigte und eingehende

Flugpfeile schiessen — Giebt es keinen Archimed gegenwärtig in der Welt, der etwa mitten auf den Granitbergen in der Schweitz seine Maschinen und Hebel ansetzen, und die Erde wieder r ü c k w ä r t s drehen könnte?? Giebt es keine Kraft, kein Mittel, keinen Künstler, der den Weltgenius auf irgend eine Art zwingen könnte, mit seinem Cultur= und Vernunfts wagen wieder umzulenken ins 15te oder 14te Jahrhundert hinein?? Giebt es keinen Sophisten und starken Geist auf dieser Erde, der die G ö t t i n A u f= k l ä r u n g zu einer Hexe oder zu einem spuckenden Gespenst zu machen versteht, um sie unter dieser Rubrik, wie die Engländer das Mädchen von Orleans, zu vertilgen?? — Wer eines dieser wichtigen Probleme auf= zulösen und ins Werk zu setzen im Stande ist, der thue es; der Verf. verspricht ihm wenigstens dafür von hohen Oertern ein halb Dutzend theils mit Brillanten besetzte, theils mit Goldstücken gefüllte Dosen. So etwas nebst schönen Belobungs= schreiben und Billettchen von majestätischen Händen — ist aller Ehren werth und für viele Seelen recht wohl mitzunehmen; daher ringen auch einige würdvolle

Wesen in Deutschland ganz vorzüglich nach vergleichen glänzenden Beweisen ihrer Verdienste! Gönnt diesen ehrwürdigen Schattenfreunden ihre blinkenden Belohnungen, sie sind derselben würdig und empfänglich!! Seyd zufrieden ihr Vertheidiger des Lichts und der Wahrheit mit euerm göttlichen Looß, euch lohnen nicht einzelne Menschen, euch lohnt die ganze Menschheit, euch lohnt alles, euch lohnt die ganze Ewigkeit, wo ihr immer mit Seelenfreude an eure Handlungen zurückdenkt! Blickt, ihr heiligen Verehrer der himmlischen Vernunft, in die ganze Vergangenheit zurück, und sehet da strahlen die Häupter der Wahrheitsfreunde und der Menschheitsvertheidiger! Die Schmeichler sind zu Staub geschimmelt und nicht einmal der Satan weiß etwas von ihnen; allein die Männer der Wahrheit und des Lichts sitzen auf flammenden Thronen der Unsterblichkeit und jedes Zeitalter opfert ihnen willig Bewunderung und Anbetung! Dieß nenn ich Lohn; nach diesem, meine Freunde, die ihr einerley Gesinnungsart mit mir habt, laßt uns ringen und alles andere verachten! — —

Da nun nach unserer zuverläßigen Behauptung

in der adelichen und fürstlichen Spähre gar nichts gethan werden darf, sondern alles in der untern Menschheitsregion, da von oben herab nichts für die Vervollkommung der Menschen zu hoffen ist, sondern alles von unten herauf; so müssen wir itzt auch andere Präliminarartikel zum ewigen Frieden aufstellen, als Kant aufgestellt hat. Dies ist schlechterdings nach diesem veränderten Gesichtspunct nöthig, der zugleich weit wichtiger und natürlicher ist, als der Kantische. Denn es ist leicht begreiflich, daß, wenn die untern Volksstände, durch welche und mit welchen alle Despoten Krieg führen, so weit aufgeklärt und dahin gebracht sind, daß sie sich nicht mehr von ihrem Fürsten mißbrauchen lassen, daß sie jeden Krieg aufs allerheftigste verabscheuen u. s. w. alsdann ein ewiger Friede zwischen allen Nation von selbst erfolgt. Dieser Weg ist weit sicherer und trift näher zum Ziel, als der, welchen Kant einschlägt. Wenn ich Jemanden das Geld entziehe, durch dessen verschwenderischen Gebrauch er sündigt und ausschweift; so ist dieses Mittel wirksamer, als jenes, wo ich ihm immer schöne Maximen-vorrede, ihm immer zum vernünftigen und billigen Betragen ermahne, ihn immer aufzuklären suche u. s. f. Ein solcher Verschwender wird wohl ohnedem besser wirthschaften lernen und — müssen, er wird ohnedem mäßiger und menschlicher leben, wenn man ihm kein Geld mehr überläßt. — Eben dieß gilt auch von allen Despoten, denen einmal alle Aufklärung, alle Vernunft, alles billige Verhalten — zuwider und zum Gespötte ist; sie werden wohl gerne aufhören zu kriegen, wenn Niemand mehr Lust hat, in Krieg zu ziehen, sich schlachten, verstümmeln zu lassen, und andere freundliche und gute Weltbewohner unseres Planeten abzuwägen. Da stand Alexander am Gange und konnte keinen Schritt weiter vorwärts thun, hier rennte er wie ein Verrückter herum, mit den Zähnen knirschend und mußte den Krieg auf dieser Seite beendigen, weil ihm kein Soldat, er mochte sagen und machen, was er wollte, nachfolgte. — Hier in den Hütten der Bauern und Bürger muß der erste Saame zum ewigen Frieden ausgesäet werden, hier muß der Grundstein zum allgemeinen Friedentempel in der Welt gelegt werden. Der Friedenssaame geht gewiß auf, sollte es auch etwas lange dauern; aber doch gewiß nicht so lange, als wenn er auf den ehernen Boden des Despotismus hingestreut wird; er bringt gewiß Früchte und Gewächse, unter deren lieblichen Schatten alle Unruhe wegschwindet. — Ueberhaupt sind keine Mühwaltungen des Lebens besser und schicklicher angewandt, als die zum Besten der niedern und unterdrückten Menschenclassen; hier ist das wahre Feld worauf der Menschenfreund geschäftig seyn muß; hier muß gearbeitet werden, wenn es besser und zufriedener auf dieser Erde sich wohnen lassen soll. Wer hier seinen Geist ausläßt, wer hier seine Kräfte verbraucht, der mache auf Seligkeiten, auf Belohnungen, so groß sie immer seyn mögen, vollen Anspruch. Helft, helft der unterdrückten, der verlassenen Menschheit ihr Weisen, ihr Patrioten, ihr Gelehrten! Zertrümmert die Schranken, zerreißt die Netze der Vorurtheile, die man um die geplagten, abgeängstigten niedern Volksclassen herumgezogen hat! Kommt, kommt ihr warmen Menschenfreunde dringt mit dem leuchtenden Licht eurer Vernunft bis in die Hütten der beklommenen Landleute! Predigt Menschenwürde, verkündigt das geweihte Reich der Vernunft, ruft laut der Menschheit an allen Orten, gießt Menschenwärme aus, reitzt alles Brudergefühl auf, schaft selbstthätige Menschen, belehrt sie von ihren Rechten und Pflichten! Wach auf, schlummernde Menschheit, stehe auf von deinem matten Todesschlummer; die Stimmen aller Weisen rufen dich donnerstark zum neuen Leben! auf! auf! ihr Menschen, die Häupter empor, und laßt euch vom Glanze der neuen Beherrscherin des Erdbodens, der Vernunft, anscheinen! rüttelt, rüttelt die Zaudernden und führt sie sanft in die erste Dämmerung des Lichts denn blöde sind ihre Augen, von den Zauberbinden hämischer Priester geschwächt; sonderbar sind ihre Bewegungen; denn sie sind des freyen Raums und dieses Lebens ungewohnt, von den Despoten bekettet und belastet! Siehe, ich sende Hülfe den Nationen des Erdballs, ich strafe muthig die Tyrannen, die meine Völker gepeinigt haben; ich erhöre das Seufzen der Unterdrückten und stürze ihre Feinde in ewige Verzweiflulung! Giebt es keinen Gott mehr, der so spricht? ist Gott nur ein Gott der Meere, der Sonnen, der Monde und nicht der Erde? Ey! giebt es keinen Gott für die Menschheit; so giebt es gar keinen; doch die Menschheit ist stark genug, sie kann sich selber helfen, wenn sie will; sie muß sich selber helfen; denn sie verlangt ja Glückseligkeit! — —

Wir wollen itzt unsere Präliminararttkel zum ewigen Frieden ganz kurz angeben, indem uns wichtigere Geschäfte abhalten, mehr Zeit auf diese kleine Schrift die ohnedem wider unsere Absicht schon sich vergrößert hat, zu verwenden. Man vergesse hiebey ja nicht — dieß bittet sich der Verf. von seinen Lesern aus — daß die Menschheit in allen Ländern und Welttheilen **nur ein Ganzes ist;** daß alle Erdenvölker zu einer einzigen Wesengattung gehören. Ferner vergesse man nicht, daß einerley Instincte, einerley Grundtriebe die Menschheit unter allen Himmelsstrichen beseelen; daß alles ein Brudergeschlecht ausmacht, das wechselseitig auf einander einwirken muß, ein Glied auf alle und alle Glieder auf eines, indem die ganze Menschheit nur einem organisirten Körper gleicht, der aus vielen Millionen Theilen besteht. Endlich bedenke man, daß mit der Zeit alle Schranken werden weggerissen werden, welche itzt Völker von Völker scheiden, daß bereinst die ganze Menschheit wird wieder zusammfließen und nur ein einziges Ganze bilden, wie es schon vor den Zeiten des Despotismus der Fall war. Alle Secten werden eingehen, alle Völkerreligionen als veraltet aufhören, alle Sprachen werden vermischt werden, aller Krieg wird wegfallen, Harmonie wird beginnen unter den Menschen aller Erdgegenden, ein Welttheil wird auf den andern wirken und alle Güter der Erden werden überall zu genießen seyn. Der äußerste Nord wird dem äußersten Süden geben, und umgekehrt, Europa wird Amerika unterstützen, und dieses, jenes, Asien wird Afrika helfen und umgekehrt. Eine einzige Weltreligion, eine einzige Menschheitssprache, eine einzige Menschengesellschaft, ein einziges Erdenland, ein einziges Erkenntniß= und Handlungsprincip, eine einzige Mode, ein einziges Streben, eine einzige Tugend, eine einzige Wissenschaft, u. s. f. wird und muß es endlich einmal auf dieser Erde geben. Ob dieß in 6000 Jahren oder vielleicht

H

erst in 6 Millionen Jahren geschieht, das weiß ich nicht; aber so viel weiß ich, daß diese Zeiten dereinst diesen Erdboden beglücken werden. Dieß ist dann der Himmel für die seligen Menschen, den unsere Priester seltsam genug erst prophezeyhen, wenn diese Erde im Feuer zerschmolzen ist, wenn das alte, neue und neueste Menschengeschlecht mit Leib und Seel sich in die Sterne der Freuden aufgeschwungen hat! — Nein Täuschung! nie, nie, auch in Millionen Ewigkeiten nicht wird sich das Menschengeschlecht von diesem Weltlande entfernen; es kann nur auf diesem Planeten glücklich seyn und sonst nirgends, und wenn es in der Nähe der Gottheit selber wäre. Die Menschheit ist ewig, ewig an diese Erde gebunden, so wie der Mond an sie und sie wieder an die Sonne; kein Stäubchen von einem Menschen wird jemals in ein anderes Land des Alls sich verfliegen, geschweige dann die ganze Menschengattung. Es ist kein Himmel für uns, sondern blos eine Erde, aber diese kann und soll für uns Himmel werden; es kommt kein Reich zu uns; aber wir selber sollen ein Reich der Tugend und Glückseligkeit auf diesen Erdball begründen. — —

„Erster Einleitungspunct zum ewigen Frieden."

Jeder Mensch ohne Ausnahme soll und muß sich als ein freyes, selbstständiges Wesen betrachten, das beständig um sein selbst willen und niemals für andere da ist. Jeder soll und muß aber auch alle andere Menschen sie mögen wohnen auf der Erde, wo sie wollen, sie mögen zu einer Nation gehören, zu welcher sie wollen, sie mögen eine Sprache reden, welche sie wollen, als solche Wesen ansehen und behandeln, wie er selbst ist, und wie er sich selbst behandelt. —

Widrigenfalls wäre ja der Mensch ein Mittel, eine Sache, eine Maschine für andere, und andere für ihn, die einander gebrauchen und verbrauchen könnten, wie z. B. Thiere — Holz — Geräthschaften, welches allem möglichen widerspricht.

„Zweyter Punct"

Jeder Mensch erkenne in jedem andern Menschen auf der Welt einen Mitmenschen, einen Bruder, einen Mitbewohner dieses Planeten, der mit ihm zu einerley Gattung, zu einerley Geschlecht gehört, der mit ihm und neben ihm glücklich seyn soll. —

Sonst hätte es das traurige Ansehen, als wenn die Menschen sich einbildeten, wo die Grenze ihres Landes ist, sey auch die Grenze ihrer Menschenliebe, ihres Wohlwollens, und ihrer Handlungssphäre. Jede Nation macht nur einen größern oder kleinern Theil von der Menschheit aus; aber alle Nationen des Erdbodens gehören zusammen und sind ein einziges Ganze, eine einzige Wesengattung. Der Türke ist so gut mein Mitmensch, wie der Franke, der Engländer u. s. w. —

„Dritter Punct."

Kein Mensch auf dem ganzen Erdboden hat und kann nicht mehr Recht haben, als jeder andere, er sey wer er wolle. Der Mensch kann in keinem möglichen Falle seine Rechte verlieren, aber auch nicht vermehren, denn der Mensch und seine Rechte sind eins, und eben indem der Mensch diese Rechte hat und gebraucht, welche er hat, ist er Mensch, ist er vernünftiges Wesen. —

Wäre dieß nicht so, so käme es heraus, als wenn man bald mehr als Mensch, bald weniger als Mensch

seyn könnte, je nachdem wir Rechte verlöhren, oder
Rechte gewönnen, welches abgeschmackt ist. Es giebt
keinen Zustand, keine Staatsverfassung, keine Lage,
wo der Mensch bald mehr, bald weniger Rechte besäße. Der Mensch lebt und muß in Gesellschaft leben,
aber diese heiße milder oder wilder Naturstand, Mo-
narchie oder Democratie, Aristocratie oder Republik
u. s. w. so kann der Mensch doch in keiner derselben
irgend ein Recht gewinnen, oder irgend eines verlieren. Ueberall bleibt der Mensch mit seinen Rechten
und Verhältnissen gegen andere völlig unveränderlich.
Wer von seinen Rechten etwas abgeben wollte, der
müßte sein eignes Wesen vermindern und sich selbst
zerstöhren; wer zu seinen Rechten etwas hinzusetzen
wollte; der müßte sich ein **übermenschliches, ein
höheres Wesen** anschaffen können, welches beydes
Unsinn ist. —

„Vierter Punct.“

Jeder Mensch bekümmere sich in der ganzen
Dauer seines Daseyns um sich selber, um seine Lebenszwecke, um sein ganzes Thun und Lassen; jeder sorge

für sich und seine Angelegenheiten und lasse alle andere für die ihrigen sorgen; jeder denke und glaube und mache, was er will und was er als Mensch darf, und lasse alle andere auch denken und glauben und machen, was sie wollen und was sie als M e n s c h e n dürfen. —

Der Mensch mag Allah schreyen, oder Jehova rufen, oder Christum anbeten, oder Tien verehren u. s. w. er mag einen Gott, oder drey Götter, oder Millionen Götter, oder gar keinen Gott glauben, er mag Religion haben und zwar was für eine er wolle — heydnische, jüdische, natürliche u. s. f. oder er mag gar keine Religion haben, so bleibt er Mensch; so ist er das, was ich bin; so hat er die nämlichen Rechte, die nämlichen Pflichten, die nämlichen Gesetze, die ich habe, ob ich gleich alles glaubte, in 20 Religionen eingeweyht, 70mal getauft und 700mal zum heiligen Abendmal gegangen wäre und bey ihm nichts von allem dem statt fände. — Und wenn jeder Mensch 1000 Jahre lebte; so hat er stets sich blos mit sich selbst zu beschäftigen und darf sich gar nicht in fremde Dinge einmischen, sonst bewiese er sich wie ein

Narr, der nicht einmal eines kurzen Fliegenlebens würdig wäre. Jeder trage die Sorge für seine Seele und für sein Gewissen selber, dieß kann kein Priester, kein Fürst, kein Erlöser, diese alle müssen selber ihre Seele und ihren Geist besorgen. Bles durch gutes Handeln wird der Mensch gerecht und gut, und nimmermehr durch das Verdienst eines andern, auch nicht einmal der Gottheit. Jeder helfe sich, soviel er kann, selber; so hilft sich die ganze Menschheit, so viel sie kann selbst, und allen ist geholfen. —

„Fünfter Punct."

Jeder Mensch bringe dieses ganze Leben so angenehm, so vergnügt, so ruhig, so zufrieden hin, als er nur kann und weiß, und lasse sich von keinem Menschen, er heiße Pabst, oder Sultan, oder Kayser, oder König, oder Fürst u. s. w. unter keinerley Vorwand in seinem frohen Lebensgenusse stöhren. Jeder lasse aber auch alle andere so angenehm, so vergnügt, so ruhig, so zufrieden leben, als sie nur können und wissen, und störe sie nicht im mindesten, lasse sich auch nicht von andern, von Fürsten, Königen u. s. w. dazu auffordern und gebrauchen. —

Wenn man itzt die Menschen betrachtet; so scheint es, als wenn sie gar keine Zwecke hier zu erreichen hätten, als wenn sie blos aus Langerweile und andern zum Spiel da wären, oder als wenn ununterbrochenes, saueres Arbeiten ihre ganze Bestimmung auf Erden ausmachte. Nein, ihr gutmüthigen Geschöpf! ihr seyd da, um diese Erde und alle ihre Güter so viel als möglich zu genießen, um eure natürlichen Triebe und Instincte zu befriedigen — kurz als sinnlich vernünftige Wesen im ganzen Umfange zu leben. Ihr sollt eure Glückseligkeit nicht, wie Blödsinnige, an Fürsten und Könige verpachten, ihr sollt, ihr müßt selber, glückselig seyn und genießen, was euch die Natur darbiethet. Ihr sollt keinen Menschen, keine Nation unter irgend einem Vorwande und auf irgend einen Befehl stöhren und beunruhigen, bekriegen und erwürgen; nein, ihr müßt, ihr sollt beständig in eurer Ruhe, in eurer Hütte bleiben und euch durch nichts aus eurer Lage herausreißen lassen. Denn über euer Leben hat niemand zu befehlen, über eure Kräfte niemand zu gebiethen, über euren Zustand niemand zu herrschen. Ihr seyd freye,

unabhängige Menschen, die mit der ganzen Welt in
Friede und Freundschaft leben, die alle als Brüder
einander erkennen, die alle gerne wohlleben und sich
und die schöne Natur genießen wollen. Ihr laßt jeden auf seine ihm gefällige Weise leben — mit oder
ohn einen Gott — mit der Hofnung der Unsterblichkeit — oder mit keiner — mit der Bibel in Händen,
oder mit Spielwerkzeugen — dieß gilt euch eines und
dasselbe. Ihr lebt auf eure Art ruhig und glücklich,
und andere auf die ihrige.

„Sechster Punct."

Jeder irrdische Mensch in sofern er bloffer
Weltbürger ist sollte sich blos in seinem ganzen Daseyn
auf diese Erde einschränken; er sollte nicht mit seinen
Gedanken und Wünschen und Hofnungen über die
Grenzen dieser Welt hinausgehen, er sollte nichts von
einer zukünftigen, herrlichen Auferstehung träumen;
er sollte nicht an den Himmel und seine unermeßlichen
Freuden — und unaussprechlichen Seeligkeiten denken;
er soll nicht sein zweytes Leben, seine Unsterblichkeit,
seine glänzenden Belohnungen als ein Wesen, das

diesem zur Rechten des Weltrichters gestellt wird, im Kopfe herumtragen. —.

Wenn man die albernen, von ihren Priestern verführten, Menschen ansieht; so sollte man meinen, sie wären blos auf der Durchreise zu ihrem Himmel begriffen, sie wären blos anf Erden, um auf ihr ewiges Leben unter Trübsalen und Nöthen zu warten. Ihr Thoren, was wollt ihr, was hoft ihr, was leidet ihr? Es weiß ja kein Mensch mit Bestimmtheit, ob ein zweytes Leben auf dieses folgt, ja es ist sogar unwahrscheinlich und zweifelhaft. Hier, hier sollt ihr leben, hier sollt ihr genießen, hier soll euer Himmel seyn; ihr soll nicht in der schwarzen Zukunft herumtappen, nicht an leeren Erwartungen herumkauen, nicht auf schimärische Seeligkeiten harren und euch hier wie Unwürdige gängeln lassen u. s. w. Auf Erden ist euer Element, wenigstens so lange ihr darauf wohnt; nur die Erde ist euch bekannt, der Himmel nicht, nur dieses Leben ist gewiß, es ist in euren Händen, ein zweytes aber nicht; nur irdische Genüsse und Vergnügungen sind itzt in der That vorhanden, die himmlischen nur in der Hofnung. Wer will so einfältig seyn und beständig nach seinem Schatten schauen, und sich selbst darüber vergessen? wer will ein Leben verschlummern, um im zweyten — zu leben? wer will ein Leben verschmachten, und vertrauern, und im zweyten — aus aller Macht zu jubeln und ausgelassen zu seyn? O! es ist gut auf dieser Erde, weißt nur muthig alle die zurecht und lernt ihnen Bescheidenheit, die das Wohlseyn anderer stöhren und ihre Nahrung wegfressen, wie die Heyfische zur See den andern Meerbewohnern! **Macht euch wohl hier: so ist euch wohl! stoßt die Ungeheuer aus; so werdet ihr alle froh und vergnügt!** Und sollte es auch ein zweytes Leben geben; so kann es doch nur der genießen, der das gegenwärtige recht genossen hat; und sollte euch unaussprechliche Glückseligkeit im Himmel erwarten; so wird sich nur der darin wohlbefinden, der sich hier auf Erden wohl befunden hat. Nur der wahre, der ordentliche Wollüstling auf der Erde, so wie ihn die Natur haben will, kann vergnügt und heiter wieder aufstehen, kann ruhig und zufrieden in den Himmel eingehen, kann föhlich und wonnevoll sein zweytes Leben beginnen und eine Seeligkeit nach der andern auschtäzfen. — Der glücklichste, der beste Erdenmensch geniest überall am meisten, weil er theils am meisten zu genießen versteht, theils auch zu allen Vergnügungen die meiste Genußfähigkeit mitbringt; kurz wer diese Erde, dieses Leben nicht genießt, so viel nur in seinem Vermögen steht, der ist ein armseliger Thor, ein dummer Blindling, ein sträfbarer Sünder gegen sich selbst und seine erhabenen Lebenszwecke. — —

Man lege einmal allem Volk diese Puncte zur Beherzigung und Unterschrift vor, man verkündige dieselben überall laut, unter der Autorität, welche das Volk verlangt, man predige darüber nur den vierten Theil der Zeit, als lange man schon über die Vorschriften Jesus oder eines andern Welsen gepredigt hat; und sehe dann, ob noch Kriege diesen Erdboden verwüsten werden! Wahrlich wo diese Puncte als wahr angenommen werden, da hört man nichts mehr von Kriegen und Kriegsge-

schrey, von Morden und Unterjochen anderer Völ:
ker, von Rauben nnd Plündern, von Soldaten und
Kanonen u. s. w. Wo diese Grundsätze in eine
Nation eindringen und sich in dem Herzen der un:
tern Stände festsetzen; da muß der Despotismus
seine Blutfahnen einziehen und weiße Friedenszei:
chen ausstecken, da muß der Despotismus verstum:
men und allmählig verschwinden, und zuletzt eine
republicanische Bürgergesellschaft dar:
aus hervorgehen. Wo dieß Evangelium von
einem Volk geglaubt wird, da muß bald Friede und
Eintracht mit allen benachbarten Völkern und so
mit der ganzen Welt entspringen, da geht niemand
mehr in bluttriefende Schlachten, da darf Niemand
den andern, kein Volk das andere in seinem Zu:
stande stöhren, wenn er nicht als ein auf die Welt
sich verlaufener Teufel gebrandmarkt und in eine
unterirdische Grube gestoßen seyn will. Kant mag
seine Präliminarartikel 4000 Jahre lang den Des
poten vorsagen, sie werden sie hönisch verlachen
und Nasenrümpfend von sich abweisen — es wird
kein ewiger Friede zu Stande kommen. Allein

man schärfe und präge unsere Präliminarartikel nur 500 Jahr lang den untern Volksclassen ein, man lasse sie die Wahrheit derselben im Innern fühlen; so wird unvermerkt, ohne allem Friedensschluß, ein ewigwährender Friede seinen Anfang auf diesem Planeten feyerlich eröffnen; so wird eine solche Stille, Ruhe und Zufriedenheit beginnen, von der das menschliche Geschlecht leyder noch nichts weiß. Denn ein Mensch, oder ein Bürger, der unter dem verhaßten und verächtlichen Tittel Soldat, Streiter u. s. w. in den Krieg gegen andere Mitmenschen zöge, sie möchten am schwarzen oder am weißen Meere wohnen, der wäre ja eine Sache, eine lebendige Kriegsmaschine, ein Mordinstrument in der Hand des Despoten u. s. w. Dieß soll und darf nun kein Mensch seyn, eben weil er sich an andern auf keine Weise vergreifen darf. Ein Mensch, der unter der schimpflichen Rubrik „Soldat" in den Krieg ziehen müßte, der hätte ja weniger Rechte als der, welcher ihn zu Felde nöthigte; er wäre also nur ein Halbmensch und die, gegen welche gekriegt werden sollte, würden ja auch mißhandelt und an ihren Rechten gekränkt; weil ihnen niemand in ihren Angelegenheiten etwas zu befehlen hat. Ein Mensch, der unter der vernunftlästerlichen Benennung „Soldat" gegen seine Mitbrüder stritte, der behandelt sie ja nicht wirklich so, sondern wie Feinde, wie Widersacher und wilde Thiere — aber dieß darf er einmal nicht, eben weil er Mensch ist und sie Menschen sind, eben weil er nicht mehr gilt, als jeder von ihnen gilt. — Ein Mensch, der unter dem unwürdigen Character „Soldat" sich mit Gewalt andern Menschen entgegen setzte, um ihre Handlungen rückgängig zu machen, ihr Land zu verwüsten und ihre Städte zu verbrennen — der würde ja seinen eignen Geschäften entrissen und für die Erreichung seiner Zwecke untüchtig gemacht. Er müßte sich um andere mehr bekümmern als um sich selbst, er müßte wie ein Thier in fremden Gegenden herumirren, und seine Wohnung und sein Eigenthum mit dem Rücken ansehen; aber dieß soll er nicht, dieß darf er nicht, eben weil er nicht Thier, nicht Sache, sondern vernünftiger Mensch ist. — Ein Mensch, der unter einer ungewöhnlichen Kleidung, mit schweren Waffen belastet und Soldat

J

genannt in den Krieg gegen andere Menschen gienge; der könnte ja sein Leben nicht genießen, der lebte ja nicht in Ruhe, in Behaglichkeit, sondern in lauter Gefahren, in lauter Aengsten und Beschwerlichkeiten. Ein solcher „Soldat" müßte ja auch Andere beunruhigen, ihnen ihr Leben verbittern, ihnen Sorgen und Unglück bereiten; ihnen wohl gar das Leben und ihr Eigenthum rauben u. s. f.; aber dieß soll er nicht, dieß darf er nicht, weil er sein Leben, und andere das ihrige schlechterdings genießen müssen. — Kurz der Krieg macht den Menschen zum Thier, zum Unmenschen, weil er mit keinen Menschen geführt werden kann; der Krieg entehrt und schändet die Menschheit, der Krieg verspottet alle Vernunft und tritt die Menschenwürde mit Füssen, der Krieg verwandelt diesen Planeten in eine Mördergrube und Gräuelhöhle, der Krieg verschlimmert die Ruhe, den Wohlstand, die Glückseligkeit aller Nationen, und verdunkelt die Sonne mit dem giftigen Qualm, der von den Millionen Schand- und Frevelthaten, von den Abscheulichkeiten und Schlangenstreichen, die darin verübt werden, emporsteigt. — Ihr Deutschen, macht den Anfang, laßt euch jene Präliminarpuncte zum ewigen Frieden auf steinerne Säulen eingraben, in allen euren Dörfern und Städten als heilige unverbrüchliche Gesetze der Natur aufstellen, beherzigt sie, drückt sie allen euren Kindern in die weiche Brust, laßt euch darüber von würdigen Lehrern Predigten halten und laßt euch eher vernichten, als euch zur Verletzung eines dieser Gesetze verleiten. Macht, daß das Reich der Hölle und der Verdammniß in euren Lande ein Ende nehmen; denn so lange Kriege wüthen, so lange ist diese Erde ein Ort der Verdammniß und eine Höhle für Räuber und Bösewichter! Ihr glaubt ja hart und fest das allerunsinnigste, das allerabgeschmackteste Zeug; ihr glaubt drey Götter in einem einzigen einfachen Gott; ihr glaubt, daß eine Falte, ein Stück von diesen dreyeinigen Gott in Menschenform auf der Erde herumgewandelt sey, euch, arme verworfene, ewig, ewig verdammte Sünder erlöst habe durch sein unschuldiges Leiden und bittern Kreuzestod. — Ihr glaubt, daß euch Menschen die Sünden vergeben und durch ein paar Tropfen Wein und ein Bischen weißes Brod in den

Himmel expediren können; ihr glaubt, daß euch das gute Verhalten Jesus zur Bedeckung eures schlechten Benehmens dienen werde, ihr glaubt an Wunderkräfte eures Betgeschwätzes, ihr glaubt an einen Satan, der nichts als Unheil anrichtet und an einen allmächtigen, allgütigen Gott, der alles Unheil abändern kann und wegnehmen will! (Wer etwas kann und will, der muß es auch schlechterdings thun — sonst kann er es entweder nicht, oder er will es nicht — ist also weder mächtig noch gütig —) Ihr glaubt an eine Auferstehung des Fleisches, an einen Himmel; wo ihr ewig schmaußen und fressen könnt, wo ihr Belohnungen erhalten wollt für das, was ihr hier auf Erden nicht gethan habt, aber thun solltet! Ihr glaubt alles, was nur aussprechlich ist, was nur irgend ein Betrüger und Schwärmer ersonnen hat — glaubt doch jenen heiligen Vorschriften der Natur, die untrüglich, die wahr, die göttlich sind, und euch gerade zu eurem Wohl, zu eurer Ruhe, zu eurer Glückseligkeit hinführen. — Schenkt nur der Natur, der Gottheit selber, ich bitte euch, die Hälfte des Glaubens, welchen ihr euren Priestern und Gauklern aller Art schenkt, glaubt nur eurer Vernunft, ja glaubt nur euch selbst, folgt nur der sanften Stimme eures Herzens und ihr seyd alle gerettet, alle glücklich, alle erlößt. Versteht euch nur selbst, und begreift, was ihr wünschet und haben wollt, so werdet ihr es haben, eben weil ihr wollt. —

Mach' Friede, edle deutsche Nation, die du vor allen andern weltbürgerlichen Sinn und allgemeinen Erdencharakter in dir und an dir trägst; mach Friede mit allen deinen Nachbarn rund um dich herum! Weg, weg mit dem Krieg, steh' stille Blutkampf, haltet inne, ihr Despoten, mit Morden und Schießen, zurück ihr Todtschläger, Friede, Friede soll in Deutschland herrschen, soll dieses seit 3000 Jahren durch Kriege entstellte und geplagte Land beglücken! Ein Ende mit dem höllischen Kriege, Friede, Friede mit allen Nachbarn, die uns nichts thun dürfen, und denen wir nichts thun dürfen. Keinen Waffenstillstand, einen ewigen Freundschaftsbund errichte Deutschland mit allen angränzenden Nationen, die, wie sie, Ruhe und Friede suchen und wünschen! Weg, weg mit den Augen von Westen, laßt ab, ihr Könige, von den Franken, die eine friedliche Republik begründen wollen, hier ist nichts zu befürchten, hier kein Umsturz eurer Throne zu besorgen; glücklich wollen die Franken seyn, Ruhe und Friede wollen sie von euch haben, Sicherheit ihres Landes, ihres Eigenthums und ihrer Verfassung wollen sie sich verschaffen und dann sich um Niemanden, als um ihre Angelegenheiten bekümmern. Laßt ab von den edlen, braven Freunden, ehe es zu spät wird, ehe fürchterliche Reue euch deswegen zerquält, ehe das allgemeine Unglück größer wird, als ihr es zu ertragen vermöget! — Weg von Westen! nach Norden, nach Norden aller Augen! Hier lauert ein schlauer Feind, Deutschland zu verschlingen und zu zertrümmern! Hier, hier droht schreckliche Gefahr! weg mit dem Schlummer, weg mit den Uneinigkeiten der deutschen Fürsten; haltet zusammen, drängt euch mit gesammter Kraft aneinander, steht für einen Mann und schützt euch gegen die plötzliche Unterjochung und Ueberwältigung, die Deutschland über kurz oder lang bevorsteht! Blickt nach Norden, nach Norden und trotzt mit Heldenmuth

und deutscher Kraft entgegen! Beschaut kühn die tief
verborgenen Machinationen und unsichtbaren Schlin=
gen, die Deutschland seinen Umsturz bereiten wer=
den. Schützt euch gegen die Barbarey und Bruta=
lität des Nordens; bewahrt euch vor dieser entehren=
den Unterjochung, die euch in Fesseln und Banden
bey dicker Finsterniß einschmiedet! O! schaut hin nach
Polen, ich bitt' euch, ihr Deutschen! sehr, wie sich
das unglückliche, das beweinenswerthe Polen krümmt,
wie es sich herumwindet in den Strudel des alles
verschlingenden Nordischen Despotismus! Ach blickt
hin, ihr Deutschen, sehet und höret, wie es heim=
lich wimmert und ächzt und wehklagt und röchelt!
ach! wie es öffentlich keine Thräne fallen lassen darf,
über sein jammervolles Schicksal! ach! wie es vom
Ungeheuer des Despotismus gedrückt und gepreßt
wird! ach! wie es ganz verstummt und verstockt vom
innerlichen Schmerz und Jammer zu Boden gedrückt
da liegt! wie es schauerlich durch seine Mienen und
starren Augen alle Völker um Hülfe und Erbarmen
anfleht! wie es harrt und bald nach dieser, bald
nach jener Himmelsgegend hinthränt! wie es

troſtlos und erbärmlich ſich windet und keine Hülfe erblickt — und keine Nation — zu ſeiner Rettung und Rache herbeynaht! — Ach! Polen iſt gefallen, iſt verſchlungen, iſt vertilgt, iſt zu Grabe getragen, iſt nicht mehr, iſt dahin! Heult und ſchreyt ihr Nationen des Erdkreiſes, legt Trauer an, faſtet, jammert und thränt; denn man hat eine Nation gemordet, und aus der Gemeinſchaft der übrigen ausgeſtoßen; man hat ſich an euch allen vergriffen und in eure Eingeweide ein Schwerdt geſtoßen! Polen will einen König und wird darüber vertilgt; Frankreich will keinen König und ſoll darüber zertrümmert und zermalmt werden! Polen will ſich glücklicher machen und wird die unglücklichſte Nation; Frankreich will ſein Glück und ſeinen Wohlſtand vermehren, und ſoll deswegen zur ſchauderhafteſten Verzweiflung gebracht werden! Wehe! wehe! wehe! über dieſe Unglückszeiten; wehe über die Stifter dieſes Elends und Jammers!! —